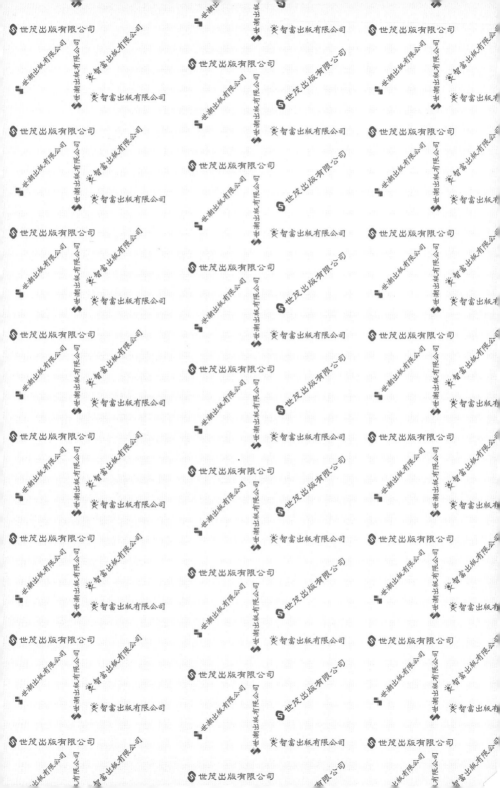

創造自由/自在生活

自由をつくる
自在に生きる

《全部成為F》超人氣推理小說家
森博嗣
MORI Hiroshi

楊鈺儀——譯

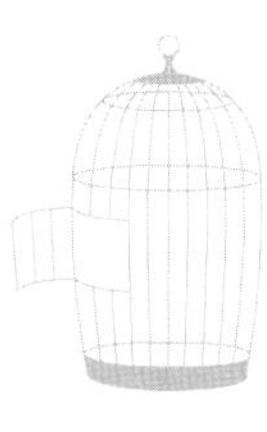

前言——對於「自由」的誤解

一旦想要認真書寫關於「自由」這個主題，似乎總會變得像是在說教，這點讓我非常擔心。不論加上什麼樣的題目，都非常有可能被誤以為「這是本宗教書吧」。在現代，應該不至於會有人覺得「事到如今還來說什麼自由」吧？明治（一八六八〜一九一二年）或大正時代（一九一二〜一九二六年）還好，現今還在謳歌「自由」是想幹嘛？總之就是恐怕會讓人覺得非常有說教感。

在某種程度上來說，我也覺得「自由」這個詞就像是有著某種宿命般。若是擺在明顯不自由的過去來看，這個詞一定會更形閃亮，但在今天的日本，要說「自由」已經完全生鏽了也可以。

很遺憾的是，本書中沒有寫到像宗教那樣「只要信仰就會得救」的結論。即便讀到了最後，也只會明白，自由無法那麼簡單就能獲得（我認為，單只是了解這點也是很有價值的），沒有只要這樣做就能得到的技巧。所謂的自由，我覺得就是那樣「難以獲得」的東西。不如說，盲目相信某件事，或拘泥在某些方法上，才正是身陷於大不自由中的狀態，不是嗎？

關於自由，我想要像這樣盡可能寫得淺顯又仔細，所以規劃了這本書，但結果究竟會如何呢……

那麼，話說回來，所謂的自由到底是什麼？

試著打開字典去查閱吧，應該沒有人會不知道這個詞的意思。在英文中是寫作 free 或 freedom，同時 free 也有「免費」的意思，也就是說，是表示（在付費等方面）「不受限制」。日語中的「自由」與英文的意思有著些微的差異，比較接近「自在」，亦即「隨心所欲」的意思。用法就像是「劍客自由地用刀」這樣。

或許比起「自由」，「不自由」更容易思考。也就是說，像是自己的意志被阻礙那樣，被某種力量壓制就是受到了「支配」，從物理性力量到被命令、規則，還有各式各樣的機制與權力等支配，只要是感受到被這些所束縛時，就是「不自由」，而從這些「支配」中獲得解放的狀態就可稱之為「自由」。

一般人都是怎麼看待自由的呢？

只要觀察一下使用詞語的方式，例如自由行動、自由時間，就可以看出是表示沒有固定行程的狀態。許多人或許會把「自由」想像成是「閒暇」或「沒有要做的事」。

使用「自由」這個詞時不一定都是指涉正面的意思。就像若是被工作或學業追著跑，不禁就會想放慢腳步休息，會稍微想要怠惰一下。「想睡一整天」的欲求，很多時候都是從「自由」發想而出的個人希望。

但那究竟是否真的就是所謂的自由呢？

當然，說「從支配中獲得解放」這點並沒有錯，但對許多人來說，獲得解放這點本身就是自由的價值。不過，看起來人們並沒有去思考因為解放而能去做些什麼的，所謂的「自由運用」。

我被問到「自由是什麼？」時，是舉劍客用刀為例去回答。若要簡潔俐落的說明，就是「自在」或「隨心所欲」，總之就是「過得如自己所想的那樣」。

有許多人都會覺得：「這不是很理所當然的嗎？有沒有什麼比較罕見、特別的想法？」其實我在年輕時也是這樣想的。

不論是與江戶時代相比還是與戰前相比，現今的社會都是自由的，相較起來絕對是更為自由的。看起來，幾乎所有人都覺得自己是自由的。我也覺得自己活在了一個美好的時代，深信自己基本上是自由的。不過我在孩提時代多少有受到一點限制，很多時候都會有人跟我說：「這要等長大才可以做喔。」所以我相信，要是長成了大人，就會變得更自由，能更接近真正的自由。

我一直都在大學工作，工作內容就是教導學生。我告訴過那些年輕人們好多次：「人生最終的目的就是獲得自由。」我大約是在四十歲左右得到這個結論的。大部分時候，大家聽到都是一臉茫然若失的模樣，不過有時也會有人提問：「自由是什麼？是什麼特別的東西嗎？」但我最終還是只能回答：「不是，只不過是能照著自己心中所想來行動罷了。」對方聽了只露出一臉「是嗎？」的表情，像是難以理解的模樣，因此對話只能就此中斷。就像是覺得：「什麼啊，這不是很理所當然的嗎？」好像沒有突然領悟過來似的。就我來說，我不記得自己有再做出更深入探討的說明。正是因為這樣，才會被誤以為是在說教或是宗教一類的吧。

即便如此，在這本書中，我完全就是在盡可能詳細地寫出那些「理所當然的說法」。要說我為什麼會想寫呢……真的就是在非常偶爾的時候，會有人對我所說的「自由就是能隨著自己心意去做」這句話有反應，感動地想著：「是這樣啊，真是讓人茅塞頓開啊。」例如在最近，我不經意地跟小說家吉本芭娜娜談到了自由的定義時，她立刻就有了回應（不是對話，是電子郵件）：「啊啊～那真是了不起。」

會有反應的人非常少數。每次，我都會有點高興的想著：「啊！我的意思傳達給那個人知道了！」大概是多少對自由的價值有些了解，以及期望知道自由價值的人自然而然地就能通曉了。若是有時間，就能說明得更仔細些。我雖這麼想，但平時多是放棄的。然而，若是三不五時遇上像這樣會給我反應的人時，我說什麼都一定會擠出時間去說明。雖然未必是只有自己樂於頌揚自由，但若想著「管其他人知不知道」而放著不管，我還是會稍微有點內疚的。

就因為這些囉囉嗦嗦的緣由，我才寫了這本書。

我希望至少可以讓更多人察覺到自由的價值，並且靠自己的雙手來掌握。希望大家能比現在更享受人生。像這樣快樂的人愈是增加，世界就會變得愈和平，而且自由的年輕人上了歲數後，自由的老人也會增加，社會就會變得更容易居住、生存，所以就算我可能有點趕不上了，但或許我的孩子們能輾轉享受到這樣的好處。

我心懷此願地寫出了這些內容。

美好的現實／你為自己設限了嗎？／就算上了年紀也要進行挑戰／演出「樂在其中」的狀態／來自喜好的支配／長久持續下去的竅門／參照人生設計來判斷／不要收藏的原因／擁有純粹的感性／關於拘泥／打磨自由／不被現今自己囚禁住的視角／讓大腦自由／自由的樣貌／電影《空中殺手》／小說《天使心》／不要迅速變老／名為自由的武器／期望落空／獲得自由的方法／一點一滴前進／只要不放棄，就不會遭遇挫折／妥協與迂迴都不是撤退／自我欺騙／進攻是自由

第 1 章

人生的目的在獲得自由

✧人生的目的是自由

若先寫結論，我認為，「人生的目的是自由」。為了獲得自由，又或者說是為了建構自由，我們才會活著。至少我現在是認真這麼想的。

話說回來，自由是什麼呢？關於這一點，似乎也有必要稍微做些說明。

在前言中我也有寫過了，我認為的自由與一般人所設想的或許多少有些細微的差異。例如一般人會說：「孩子是自由的。」「動物是自由的。」我卻相反，認為孩子是不自由的，也不認為動物絕對是自由的。

所謂的自由是「能隨心所欲」。為了獲得自由，首先一定要有「想法」，其次是能隨著那想法「行動」或是「思考」，最後感受到「能隨心所欲」的滿足。這分感受就是「自由」。

孩子雖會「想著」那也想做、這也想做，但大致來說，是無法隨心所欲的。

既有大人會限制說「不行」，很多時候也會因為自己身體能力的不足而做不到。因此，「能自由地想做什麼就做什麼」的心情，是只有大人才有的，孩子絕對無法說是自由的，確切來說，就是不自由的。

動物的情況也一樣，雖然我只能觀察到寵物，但可以發現，動物在還小的時候還是頗自由的，會隨意做各種胡來的事。可是成長到能獨當一面時，或許是能做出區別了，就比較不會亂來。在為了生存以外的事情上，像是挑戰新對象等事，就幾乎不會做了，給牠們新玩具時，也是只有幼獸會表示出興趣。而若是野生動物，就只有在肚子餓時會去覓食，每天擔驚受怕著敵人的來襲而活。只有非常偶爾的時候能有時間休息或睡覺，但看不出牠們會去思考自己想做的事，或是想一一去挑戰。

結果可以說，光是逃避敵人耳目及覓食就占了牠們生涯大半的時間。牠們不會自由地跑到某處去冒險，每天的行動都很固定。會像這樣看待動物的，就只有我們人類，說起來，動物應該不會感覺到不自由吧，因為只有人是自由生活的，才會這樣去思考。

◇來自身體的支配

肚子餓了就吃喜歡的東西。這應該就是「自由」的狀態了吧？

一般來說，這一點正是讓我們認識到「自由中的自由」以及「自由的標準表現」。現今也有人會誇口說：「我只要吃到喜歡的食物就會覺得非常幸福。」不用說，簡直就是為吃而活。說實在的，這不禁會令人發笑地覺得有種很動物性的感覺。當然，說是吃東西，也有各種各樣的條件，從最低限度作為營養補給的飲食到趣味性的美味排名等，有各式各樣的形式，或許也不能一概地將飲食稱之為是動物性的。此處所寫的，是比較一般性、平均性的飲食。

除了食欲，還有其他基本的欲求，像是想睡的時候睡覺，若可以不用工作，也會想一整天無所事事地什麼也不做。將這樣的狀態想像成是「自由」的人意外地多。

我認為「不被任何人抱怨狀態」的條件也很重要。一般來說，若是什麼都不做地閒待著，都會受到某人的提醒，而或許現實是，有許多人都經歷過類似像這樣一直被人抱怨的人生。總覺得，被人抱怨會導致心情不好，這件事在人們成長過程中是被設定好的，而這當然就是「支配」。

只要稍微思考一下就會知道，肚子餓是肉體上的欲求，也就是食欲是受到身體所「支配」的。想休息、想睡覺也是一樣的，是身體在向大腦提出要求。我們可以想像一下以下這種不自由的狀況：大腦有更想做的事，所以不去遵循身體說的話。

擁有健康是非常值得感謝且能夠獲得幸福的一大主因，這點是錯不了的。生病時就無法自由行動（有時也無法好好思考），所以會讓所有人都感受到「不自由」的，就是不健康。

與此相同，空腹感及睡意也是受到身體所支配的。明明有更想去做的事、應該要去做的事，但人為了要活下去，就一定要進食，也一定要睡覺。工作的效率雖會降低，但要是死了，就一無所有了，所以沒辦法，一定要吃跟睡。身體會將這個要求告訴大腦，說成是「想做的事」，而這就成了「肉體上的欲求」。這與由思考所引致的「自己想做的事」發送來源不同，各位是否能理解其中差異呢？

✧健康並不是目的

我並不是要指出像那樣「由身體支配」的事是不好的，回應身體的欲求是非常重要的（若是正面拒絕，反而會變得不健康），有時還要讓其成為第一優先。只要活著，就無法逃避那些事也是不爭的事實。

不過若要再加上一句話，那麼以「健康」為生存目的這樣的想法是很矛盾的，因此，健康並非自由。我認為，擁有健康就是人生的喜悅是項錯覺。若這是真實的，那麼對於一生下來就不健康的人、明明責任不在自己身上卻罹病的人、遭遇事故而被奪走健康的人來說，人生中不就再也沒有喜悅了嗎？

健康是獲得自由的一個手段。此外，每個人對「健康」的定義也不一樣，即便是同一個人，因著年齡與狀況的不同，對「健康」的定義也會有所改變。所有人只要上了年紀，都無法回復到年輕時精力充沛的狀態，但這並非就是不健康。

只要活著，自己的身體狀態就是必須要背負的負荷，既無法捨去，也不能與人交換。跟他人相比，即使自己的負擔再重，不論如何長吁短嘆，也不可能減輕分毫。早上起床時的狀態就是那天的預設值，從中能做出每天的選項，像是自己今天要朝哪個方向邁步呢？所謂的自由，若沒有主動踏出步伐，就無法獲得。

◇個別差異其實並沒有那麼大

只要活著，個人的身體特徵很多時候都會成為限制，因著身體上能力的限制，有些事，不論多努力都不可能做到。所謂的個別差異，單靠努力是無法克服的。若要強調擁有天生的才能就是自由，而沒有就是不自由的，就某種程度上來說，的確是這樣。

而且，要說起這件事，就像人是無法在天空飛翔的，因此在這點上，會比鳥更不自由。雖然我們會自顧自地憧憬鳥兒、喜歡鳥兒，但除了每天嫉妒鳥兒並哀嘆不已，也仍是無可奈何。然而人類強烈嚮往著「能在天空飛翔」，所以發明出了飛機，現今獲得了能比鳥兒飛得更快、更高、更遠的自由。若只是不斷哀嘆、怨恨，那問題就永遠都無法解決。

若是女性，被稱為美女的人多少都會比不是美女的人能多點稱心如意（不過這只是我的想像），若是如此，不美的人要克服不自由還頗為困難的。此外，當然也有人是一出生身體就有障礙的。雖然程度上的差別很大，但這些人中仍沒有人能飛上天空。可以說，像這樣身體上的不自由，所有人多多少少都有，而自己所處的位置就是道路的起點，除了從那裡開始起步走，再沒有別的選項。

只要想到像這樣的「支配」，就能想到人類沒有自己所想的那樣自由，因為我們在不知不覺中都受有許許多多的束縛。

✧「意志薄弱」是什麼意思？

以下這個例子或許很淺顯，例如大家試著來想一下減肥吧。請問：體重能隨自己心意自在掌控嗎？我認為，在某種程度上是可以的。

我一年會減一次肥，但每年都是在進入夏天前，花一個月左右的時間，減輕約百分之十五的體重。這樣一來，身體會比較輕鬆，所以很習慣會去做這件事。也就是說，會為了獲得一點點小自由，去做簡單的努力。減肥是因為有「想瘦」的念頭才會去做的行為。

這和因為想「變聰明」才去「學習」是一樣的，也有人很纖瘦，不需要減肥，他們不論怎麼吃都吃不胖；相反地，也有人明明沒吃那麼多，卻很胖。既有人即便不唸書也能在考試中取得好成績，也有人不論怎麼唸書，成績也不見起色。

一定有人有這種不利條件的體質，與其他人相比起來，還真的是莫可奈何，只剩下自己想怎麼做的問題而已。

但是，產生出「想瘦也想吃」這樣相反結果的欲求，總會擋在想減肥者的面前。比較兩方欲求而苦惱著，糾結著是要瘦下來的自由？還是大吃一頓的自由？這不是什麼大問題。沒錯，瘦下來是自由，胖起來也是自由。但是若「明明想要瘦，卻怎麼減肥都不順利」時，就一定是不自由的，因為事情並沒有照自己所想的去發展。

若要舉更簡單、貼近的例子，可以舉早上難以起床這點來看，應該有不少人都有這類問題吧。明明知道一定得去學校或公司，但一到時間（早上），無論如何，似乎就是會輸給身體的支配而難以起床。這也是不自由的人生。

我們雖容易覺得：「就這樣不從被窩出來才是自由的。」但這完全錯了。因為身體無法按照自己所想的自由行動，而且為此，還會為自己招來不利的狀況，大腦應該是能理解情況會變成那樣的。

像這樣的狀況，一般都會用「意志薄弱」來表現。那麼該怎麼做才能加強意志呢？這點我是完全不知道的，可是因為原因出在來自於自己身體的支配，所以應該會像是不要將生活過成像那樣的狀態等，有各種各樣的方法。各位都試過了那些方法嗎？不過總覺得用「意志薄弱」這個理由就可以打發一切了，各位覺得如何呢？

✧為什麼會被有好處的事物所支配呢？

非得去上學不可、非得去工作不可，這些也都是支配的一種，可是我們也都知道，做這些事會對自己形成有利的狀況。上學以習得知識、工作以獲得工資，只要想一下得失利弊就會知道，這些明顯都是好處，且對自己來說，是加分的條件。

但為什麼明明是加分的好處，我們卻是受其支配的呢？這可以說是件很普通的事，社會系統就是成立在這類「交換」之上的。為了獲得加分的好處，就必須稍微忍耐一點損失。

此外，學校與公司之所以會成為「支配」，是因為要用團體來進行活動，必須有著和他人統一步調的規則。

若就算不去學校，也有方法可以獲得知識；就算不工作，也有充足的經濟能力過生活，就能遠離這些支配。

◇社會性的支配

學校或工作可以稱之為是社會性的支配。雖然比起個人肉體性的支配來得稍微和緩些，但視情況不同（或是個人的感覺不同），也會是非常強力的限制。

在社會性支配中，有些有著強大的強制力，不論身處多高的地位，也不可能完全自由地去做自己想做的事。其中以最明確形式顯現出來的支配就是法律，因為法律上有規範，所以有著不能做的事，像是對他人施加傷害、詐騙，或是偷盜他人物品等，這些事都不可以做。不論自己有多想做這些事，無論有多充分的理由想去做那些事，都不可以違反法律。

各位是否有感受到因為這類「支配」所帶來的不自由？就一般來說，會解釋成不得不接受。如果無論如何都想做那些事，就只能做好覺悟，會接受到法律的制裁，並因此遭受到極大的不自由。所以會強調要比較不能做某些事的不自由，以及做了之後會面臨到的不自由。

所謂的「懲罰」就是像這樣，基本原理就是「不自由的交換」，不只是單純的正義感，而是利用人類會思考利害得失這點來保持社會的平穩。

而且就算法律沒有規範，社會中也潛藏有各式各樣的支配，不，豈止如此，根本不是像潛藏著那樣可以讓人輕鬆生活的方式，而是以非常大膽、所有人眼睛都能看見的形式支配著人們。

雖然想做，卻因為在意他人的目光而無法做，這類的事情真的很多。簡直就是到了「這種丟臉事才做不出來」這樣自我限制的地步，這樣的支配也就是被稱之為「常識」的東西。

◇來自常識的支配

常識並沒有像法律那樣有一個明確的規範。而且依照不同的地域、時代、年代，會有各自不同的常識。孩童因為並不知道常識，所以會隨處大小聲、跑來跑去，但大人絕不會做出同樣的事來，在行動方面，也一定要小心謹慎，否則會受到來自周圍難以忽視的壓力。就算不到那個地步，也不會有人穿著泳衣搭電車，更不會有人把整張臉都塗得紅彤彤的生活（雖然我覺得那樣也可以）。

我們不太可能找到有人熱情激昂地發言說，日本應該再向美國宣戰一次，應該也沒有都市計畫是將國小與小鋼珠店建在同一個建物內的。

但是在現在的日本，思考與表現的自由是受到保障的，不論想什麼、怎麼想都可以，甚至把那些想法寫出來或跟別人說都是自由（雖然嚴格來說，很難說全面性的自由是隨處可見的）。不過，若表現得極端些，也只會惹得周圍人皺眉，被指責說是「很沒常識」。

這雖是才不久前的事，但以前曾有過一段時代是連單是想想都有罪。人們被教育到，完全不可以有那樣的想法，單純只是跟人說，就會被問罪。會只因為思考或發言就實際被逮捕。

這樣的歷史不只存在於日本，全世界都有，有很多會「處死反對者」的支配者。

再重複一遍，現今這個時代，可以自由地隨意思考。即便如此，我仍覺得並沒有人會真正去自由地思考。

要問為什麼，那就是因為大多數人都被常識給支配，只會出現相同的想法，甚至連思考方法都可以看出是受有某種支配的。為什麼會受支配到這個地步呢？

◇個人欲求與社會

再重申一次，我並沒有主張「支配」就一定是「不好」的。

例如若是一般社會人士，在家人或同伴跟前，很多時候都必須忍耐自己的個人欲求，這就是來自家人或同伴的支配。雖然不得不為此而變得不自由，但若是不管那些，無論如何就是要自己的自由，處境就會變糟，而且在變成那樣之前，自己也會陷入無法坦率地感到高興的狀態。

因為自己會受到良心的詰問：「這樣犧牲家人或朋友好嗎？」這樣的狀態就是受到了良心的支配，若無視地任性為之，最後就會嚐到自責與極大不自由的滋味。

個人的自由容易產生出社會性的不和諧，這看起來就恰似有著「自由的絕對量」這種東西，而每人都要去分一杯羹般，不禁會讓人擔心，可以只有自己獲得自由嗎？

凡是良善的人，任誰都會有這樣的感覺，因此就會產生出妥協、退讓的必要。

例如像是要不要澈底追求個人自由，然後心甘情願承受來自社會反彈的不自由？一般人應該會將獲得的自由與失去的自由放在天秤兩端衡量吧。

關於這點，因人而異會有各種不同的想法，依照各自不同的價值觀，做出的判斷也會大不相同，不是那種什麼好、什麼不好的簡單問題。

不過，因為追求的是自由，所以不喜歡忍受不自由的狀態也是事實，稍微判斷一下要去追求怎樣的自由，這個基本方向是不會有錯的。

◇被支配的傾向

另外，有一個傾向也很讓人擔心，那就是人類似乎本來就是很容易被支配的動物。日本人是農耕民族，與游牧民族相比，戀棧土地的傾向很強，代代都承受著容易被土地、天候等周邊環境支配的特性。

同時，我們有很長的歷史是必須靠著家人或親族的協力合作才能活下去的，因此無論如何都會被群體、村落給束縛住，難以離開村落，且有很強的傾向會在意周圍人的眼光。例如我們可以觀察到，貓比狗更不在意周遭的目光，依照動物種類的不同，也可以看出各自不同的本能或是性質上的差別。人類這個物種本來就是會成群結隊的，或許比起貓來，更接近狗，群聚在一起，就會形成被該物種支配的集團，而人似乎是喜歡受到集團支配而活的生物。

因此，人會漸漸臣服於支配之下，這是非常自然的一件事，也就是說，對人而言，接受支配是種本能。與其說是忍耐，還不如說被支配著是比較安心的，我們能觀察到這樣的傾向。

經常有人會說：「隨便怎樣都好，總之給我個明確的決定吧。我會照著做的。」大家是否聽過這樣的說法呢？

有規則可循會比較好理解，和大家在一起就沒問題，這樣的心情我想大家心裡都有個底吧。雖說什麼都是自由的，但卻像是被放逐到荒野中般，心中會變得不安，不得不一一去思考該做什麼好。不想為了這些事耗費精力，討論也很浪費時間，總之就是快點做出決定就好，一起共同努力吧。想把一切都交給周遭的人決定，隨波逐流而活，有些人會有這種傾向。

我看到這樣的生存方式時，就會想起走在疏林草原上的水牛群。一頭一頭水牛，什麼都沒在想，只是不斷往前行進而已。牠們不像是在凝視周圍的風景，也沒在思考自己的將來或過去吧。若用人來說，作為社會中的一分子，打造一個很普通的家庭，每天搭著搖搖晃晃的電車出勤，晚上偶爾和同伴一起去喝酒，關注流行並用心打扮得時尚，極度恐懼落後於同伴，相對的也會避免自己過於突出，不犯大錯的完成各種任務，就這樣無止境地過完一生，這些都是很常見的「光景」。

◇如何逃脫支配？

我覺得這樣的光景就是「被支配的不自由」，因此我寫了這本書，可是我也知道，不這樣覺得的人有很多，而對不那樣覺得的人來說，完全沒有什麼不自由可言，或許就保持那樣下去也完全沒問題。

傾訴說感受到危機感，或是會口吐怨言的人很少也是事實（另一方面，絕大多數人都會說，歸屬於這樣的支配之下，才是人正確的生活方式）。我不禁想著，人就是被形塑成不會感受到那樣不自由的。人類是否被程式化成只要受到支配的環境還算舒服，就覺得那是幸福呢？還是說完全就是被騙了呢？

可是我仍稍微有些期待，應該不是所有人都是這樣的，所以我寫了這本書。

應該有人有時會感覺到一些壓力，像是「這樣似乎很不自由呢」，或單只是處在支配下就覺得喘不過氣來，至少現在會有一個人是這樣的，像我就曾經這樣想過。

總之，只要活著，就得想辦法解除「不自由」。這無關乎是否能忍的問題，但若多少能加以排除，不就應該要去努力嗎？這是我的基本想法。

該如何擺脫掉自己頭上的支配？

希望若有人知道，請務必告訴我。一定有很多人都這麼期望著的吧，但是沒有一個具體的方法可以適用於所有情況，如果有，應該早就會有人給出指示了，如此一來，就沒有人會煩惱了。大家應該立刻會變自由才對。

首先，想像「擺脫」支配就是個問題。雖然是因為用了「支配」這個詞，所以自然就會想用「擺脫」來表達，但我覺得往後退這個想像是很不恰當的。

其實還可以朝更積極的方向前進。不是遠遠逃離，而是往該處走近、靠近並克服會比較好。

◇達成感與自由

試著來舉例吧。開始進行某項運動時，我們會去觀看比自己厲害的人的表演，憧憬著「要是我也能做到那樣就好了」，可是不論再怎麼試著模仿也做不好。因為無法做出心中所想的結果，所以這明顯就是不自由。那麼，這分不自由是被什麼支配的結果呢？

簡單來說，原因就出在自己的能力不足，又或者是不熟練。因此，要克服這分不自由，除了不斷練習，別無他法。當然，用大腦進行邏輯性思考，像是「該怎麼做才能順利演出呢？」應該也是很有助益的。可是有大半技術都是靠身體來記憶，即便是被稱之為天才運動員的人，也不可能一開始就進行得很順利。在專業選手中，也沒有人不練習的。

只是，不論如何練習，因個人情況而異，能達到的界限也有所不同，這點似乎是無法否定的。而也有著被稱為「才能」或「天分」的東西，大家都廣為理解到，那是無法克服的領域。因此要想能隨心所欲，頂多也只有在某種程度範圍中能做到而已。

或許大家會覺得：「什麼啊，說是自由，但就只有這種程度嗎？」沒錯，就是如此，說是自由，說到底還是無法超越自己的能力，只能單純地「引出」而已。

不過，完全引出自己的能力時，就能獲得相應的充實感，也就是「自己也能做到這地步」的成就感。我自己就曾體驗過好幾次。所以我想像著，大概其他人也會有這樣的感覺吧。這也可以說是「經驗談」。

我確信，在獲得那分滿足感時，許多人一定都會感覺到「我自由了」。

就算一開始沒想到，但到了一定的高度時，就能感受到自由。

那就有點像是人登山時會有的願望，「不管多高，都想爬上天去」。爬到山頂時，上頭還有更高的天空。明明完全抵達不了天空，自己應該也無法再上去了吧，但卻一定會產生很大的成就感。有過這種經驗的人應該都懂吧。
這在各種領域中，即便有程度差，但大家的感覺幾乎都是共通的。

◇做一個有能的自己

透過不斷的練習，到底能改變什麼呢？
好像自己有吸收了什麼，也就是覺得被附加上了什麼東西。例如「技術」就可以用「掌握」來表現。
「知識」也像是輸入電腦中的資料般，是進入自己內在的東西，但是透過練習掌握的東西，在傾向上稍微和知識有點不一樣。知識有點像是道具一類的東西，例如只要拿起錘子和鐵釘，是否就能擁有和木工一樣的能力呢？應該是不行的，雖然擁有知識，卻不知道該怎麼使用比較好，也就是缺少了技術。
正因如此，單只是去上課還不夠，還要不斷進行實作的訓練。這麼一來，就能漸漸變成「有用的自己」，就會變成能隨心所欲自在行動的自己。

結果，所謂的能獲得自由，可以說就像這樣，是打造「能做到的自己」，積極推進自己的變化。

可是，用嘴說、寫成文章、聽人說、閱讀、點頭贊同都很容易做到，甚至許多人都會感動地覺得「恍然大悟」，但也只有感動而已，人卻一點都沒變，因為還沒有找到「有用的自己」。

以為「只要拿出幹勁就好」，但事情沒有那麼簡單。踏出第一步很重要，只要踏出一步，應該就會立刻發現，像這樣獲得自由的道路是意外險峻的。以下讓我們試著來想像一下那分危險。

◇察覺到自己正被支配著

誠如我前面寫過的，人這種動物（又或是其他所有動物都是共通的），本來就不是那麼強烈尋求自由的存在。

有養寵物就會知道，牠們喜歡對飼主忠實，而人在這方面的傾向也很強。也就是說，我們有著一個本能是，只要被支配著就會覺得處在舒適的狀態中。

試著回顧人類的歷史，確立個人的自由是最近的事，而且也有意見認為，人類至今仍未完全確立自由。不論在哪個地方、哪種文化中都有著奴隸制度，還有身分之差以及差別對待。人會支配著人。

除此之外，人創造出了「神」這個概念，因此認為自己是被支配著的。至今，有很多人都這麼相信著。

就算不到這地步，我們也會感受到來自「自然」的支配，認為無法逃離那樣的支配。有非常多人主張，成熟、謹小慎微的活著，才是人類應有的模樣。也有很多人都認真的想著，仰仗科學違逆自然，是人類的一大過錯。

只要受到支配，就能獲得某些恩惠，像是這樣的想法也極為根深蒂固。只要對主上忠誠，就能獲得拔擢，這就和寵物對飼主搖尾巴一樣。進入支配的保護傘下，是能遠離多餘擔心、顧慮的最快方法，就像加入保險般，能獲得安心（若說得更為客觀些，就是能獲得「安心」的錯覺）。如今，這樣的感覺仍是人類行止的基礎。

我已經寫了很多遍了，我絲毫沒有要說這個「被支配的安心」是不好的意思。支配也有各種各樣的形式，像是母親覺得孩子很可愛而用母愛澆灌孩子，這也可以說是支配。若排除一切支配，完全使之自由奔放，就人類來說，一定會迎來失敗。

不過，我想說，認識到那些事物是「支配」這點很重要。

我認為，這分「自覺」才是最重要的。透過察覺到支配，才能客觀捕捉到位在那把保護傘下的自己。只要能看見這點，就能更積極地思考，對自己而言何謂自由，也能更大地拓展自己的可能性。

要知道，一般認為理所當然的事及深信不可避免的事都不過只是一個單純的選項罷了。面對任何事，「自覺」都是最重要的，這就是一切改革的起點。

◇自由是人造物

雖然人類的本能傾向於接受「支配」這件事是事實，但另一方面，就人類這種生物來說，還有一個很大的特徵，那就是同時也討厭那樣的性質，亦即人類還一邊擁有著嚮往「自由」的感覺。若與其他動物相較，這點十分明顯。

在各種動物中，人是最為追求自由的。若稍微說得更甚點，人有著追求自由的思考能力。因此，說得極端些，支配是很動物性的，是很自然的，而自由是人性的，是很人工的。

所謂的科學，就是將人類從自然（或是神）中解放出來。科學技術帶給了人類許多自由，各種技術都是為了讓人類更為自由。

與以往相比，現今的世界很富足。像是被大力鞭笞著強迫勞動的情況，已經漸漸消失了。為什麼？因為有了機械可以勞動。透過機械的生產，社會整體來說變得較為富足，許多人都變自由了（當然也還是會有失衡）。這樣的富足，容許了人口爆炸性的增加，這雖是個有點麻煩的問題，但我樂觀的認為，終有一天，人類的智慧會解決這個問題。畢竟，人類除了智慧，就再也沒有其他可以依賴的東西了。

✧人類的智慧擴大了自由

一說到像這類技術的話題，一定有一部分人會皺眉。科學發展得太過了，一定要更回歸大自然才行，要離開都會、回歸鄉村，大家一起來進行農業，人是要靠著大自然的恩惠才能活的——那些人會提出這樣的主張。

我也不否定這個觀點。那樣的生活方式，就個人來說應該是要認可的，我自己也比較喜歡鄉村，而且覺得現今日本有在輕視農業的傾向。不過，社會全體是不可能往那個方向前進的吧。

話說回來，農業其實就已經不是自然界的活動了，是非常人工的行為。在農地收穫的作物，總歸都是「養殖」的植物。是在與自然相差極大的人工環境中大量生產，或是進行品種改良的製品。

造成這種情況的，就是科學。農業是種奠基於技術的代表性行為，林業也是如此，就連水產業也是，若是與在海岸使用魚叉捉魚的原始漁業相比，現在的做法是非常接近於工業的。

我們無法捨去「人工」或「科學技術」回到過去，更何況如果要支撐現在的人口，是完全不可能的。

與只有王上是自由的古代相比，今日有許多人都是自由的，再沒有時代是像現在「自由人」數這麼多的。這不是神所給予的（神反而是其中一個阻礙），而是人類智慧所造就的。

將大家從支配中解放出來的，是人類所構築起來的秩序，而支撐著這秩序的，就是科學技術這個智慧。

✧帶著智慧前進

人類一一實現了像是無法做到這類之前放棄過的事，現今，任誰都能自在使用可被稱之為超能力的特殊能力。例如與遠方的人說話、隨時都能造訪幾千公里遠海岸的另一方、能瞬間看到全世界的影像，連人體內都能透視；能跑得比所有動物還快，也能飛得更高；可以確認遙遠到不可思議的過往，還能持續預知未來。最終，所有人都能透過思考、下一番功夫並確實獲得自由。

這麼想來，「以前真好」「回歸自然」這類想法，感覺似乎過於簡單了。若被人說了那是在回歸「不自由」或「支配」，各位會怎麼反駁呢？

對於過往會有令人懷念的「安心感」，就本能上來說，所有人應該都會有這種感覺，但是人類已經從動物的本能中獲得了解放，早在幾千年、幾萬年前就種下了「以獲得自由為目標」這個選項的種子。

當然，我們不能犧牲安心感，所以為了獲得自由，就必須持續取得平衡，慎重前進。若是勉強前進，那明顯就會伴隨著危險。

雖說是危險，但也不能走回此前的來時路了。雖有人說：「只要捨去科技技術，回歸到百年前的生活就好。」但這麼說的人知道現今世界人口是百年前的幾倍嗎？就算減少一半人口數，也遠多過百年前的數字。

把自由擺在前頭而後退著，可說是動物性的「人性」。

可是，帶著智慧前進是很重要的，這才是「人類」的選項，至少我是這麼認為的。

第 2 章

來自他人的支配，來自社會的支配

◇服裝與自由

想做自己喜歡的事，想自己選自己的東西，這應該是所有人的期望吧。與他人扯上關係、花上許多費用，就算不是那麼大的願望，若是微小的、在身邊的自由，應該很多人都會認為，一般人都是擁有的。

可是，真的是這樣嗎？

自己穿著的衣服是看自己喜好選擇的，很少會是他人下命令說：「你只能穿這個。」雖然在公司或學校等地會被指定要穿制服，但除此之外就是令人無法想像的了。

順帶一提，我還是國中生時，很多學生都很反對穿學校的制服。學生會曾決議要廢除制服，也跟老師們說過，實際上這種運動的結果，也是有學校成功廢除了制服。那時也盛大展開著大學生們所謂的「學生運動」，勞動者們也有上街遊行。每人口中都高喊著「自由」這個理想。

與之相較，現今的年輕人們可能是因為比當時來得自由多了，所以像這種要求自由的運動就幾乎不太出現了，反而讓人感覺是在渴求「支配」。

看著最近的國中生們，可以發現，他們在星期日也穿著制服，不僅如此，大家的服裝都「希望能一樣」。就我來看，這是極為不可思議的。

不過這也是自由，要對此有意見是很沒道理的。

世上也有所謂的流行，許多人都很在意那個，會盡可能追隨。難道連自己的穿著都不想自由選擇嗎？為什麼要被流行所左右呢？

雖然隨便怎樣都好，但這些細微的部分，正是能思考自由的絕佳例子。

雖然穿衣服的是自己，但看那衣服的卻不是自己。除了照鏡子以外，自己並無法看到自己的模樣。也就是說，他人是怎麼看自己的這一點，就是追求時尚的主要動機。因此真實情況是，人們也不太可能坦率穿著自己想穿的衣物。

可是即便如此，總覺得應該還是多少要有個性化的選項。要全部採納流行，也就是說，是一種不用思考也可以、「輕鬆且安心」的選項。只要遵循，就不會有人多說什麼，這可以說是在忍受這樣和緩的「支配」。

◇部落格的陷阱

與此相似的情況，還可以在網路上大為普及的部落格上觀察到。部落格基本上是自由、隨便什麼都可以寫的，但實際上當然不是那樣。部落格主一定會在意他人的眼光，這就跟過往的日記完全不同。

或許其實根本就沒人會看（這樣的可能性非常高），但卻推想會有大量的讀者（妄想著自己的行為是受到注目的），以這樣的想法來寫部落格的人很多，且能表現出這樣心理的文章隨處可見。只要冷靜觀察，看起來就會像是喝多了情緒高漲時的模樣。

本來，自己的時間是自己專屬的，做什麼應該都是自由的。

但是，一旦寫部落格成了日常，不禁就會在生活中探尋能寫入部落格的事情、探尋會讓人吃驚的事、找尋能拍下照片給人看的事物。所以人們不會選擇寫下像是那種要花一年仔細思考的事物、必須花上十年才做得出來的東西這種大問題或大傑作，而會選擇今天一天就能表現出成果的淺近行為。

在不知不覺中，就會開始過著容易寫在部落格中的每一天。

這正是「支配」。在意他人目光、被每天的報告追著跑，於是有著縮小自我可能性的危險。所以我們最好能確實對這點有所察覺。

這類人或許可以嘗試著休息一個月不寫部落格看看。單只是沒有給別人看，自己的選擇就會改變。

不給任何人看，不跟任何人說，這麼一來你會選擇什麼？應該會為了自己而做出選擇吧。自己真正想要的東西、自己真正喜歡的東西是什麼？應該就能好好思考了。購物時、做選擇時，都是以別人會怎麼想來做判斷的基準，我們至少應該要察覺到，這樣的基準占了大半。

雖說也有某種程度上的情非得已，但若是過於在意他人的目光，終會有感覺到空虛的一天到來。自己是為了什麼而活呢？不是為了他人，是為了自己……

✧他人的眼光

當然這也有程度上的問題，因為人不可能在孤島上一個人生活。此外，即便是現今誰都不想見、鍾愛孤獨的人，將來也會有留訊息給某人（也包含自己）的時候。

因此我不是說要完全排除他人的影響，而是要問問自己，是不是有在不知不覺間隨波逐流了？是否因為過於在意他人的眼光而迷失了自己真正喜歡的東西？藉此以稍微獲得點自由。我想說的就是這樣。

舉出自己的事情為例是有些不知天高地厚的，因為看法因人而異，或許會有人皺眉說：「什麼啊，這是在炫耀嗎？」但因為我開始寫了這本書，認為像這樣丟人現眼也是工作，所以就放棄掙扎了。

我覺得自己大致上是個不太在意他人眼光的人。因為是以自己為標準，認為自己很一般，結果就會陷入「為什麼大家都這麼在意他人的眼光呢」這樣的想法中。一旦想要客觀觀察所有事物，就會不禁懷疑起想像中（成見）所謂別人眼光中的自己的眼光。

再稍微說得深入些，大半數「在意他人眼光」的人，不過是「在意著自己周圍少數人的眼光」而已。而「不在意他人眼光」的意思，不是指單靠自己一個人去做出判斷，反過來說，是藉由「更確切的眼光（有時是更多人的眼光）」來推想出評價。那不只是「現在的看法」，範圍還擴及到了「未來的看法」。這就是「客觀」，而且會成為「信念」。

◇作家這個工作

我目前從事的是作家這個工作，這基本上可以說是一個很受歡迎的職業。而且，成為作家的人、想成為作家的人，一般似乎都是以受到歡迎為目的，有著想被許多人關注的基本渴望。

可是我沒有這種想法。正因為從來沒有過，所以直到將近四十歲了都沒寫過小說。偶爾試著寫了一些後就成了工作，之後就一直把寫文章當成了打工。

我並非想靠著自己寫的文章來推銷自己，我不是為了想討人喜歡才書寫。若有想告訴大家的事就說，至於最後人們會怎麼想，我則不太在意。

若就現象來看，有人因讀了我寫的文章而有些收穫，我則從那些人那裡獲得了相應的報酬，在金錢上受惠。如果讀者沒有那些需要，那不論怎麼寫都賣不了，就一定不會成為工作。

言論自由、表現自由，誠如這些所說的，書寫、發表都是個人的自由。藝術，又或者說是創作的自由，的確始終都是個人的權利。

但是我不是為了想謳歌那分自由才書寫，對我來說，書寫不是為了享受自由，不是那麼一回事。是因為透過工作賺錢可以讓我做自己想做的事，這只是我的交換方式而已。

一說起「為了錢而寫作品」，就以前的感覺來說，或許會給人「不入流」的印象，但我認為，老實說出這件事的人比「裝飾出的虛偽」更「美麗」，而這樣的想法當然也是一種自由。

◇大學的工作

我讀完研究所後就立刻開始在大學中任職。因為是國立大學，於是成為了國家公務員。比起在一般公司中工作，大幅減少了許多在時間上以及勞力上的束縛，也就是說基本上是自由的。首先，幾乎沒有來自上司的命令，也沒有明確規範勞動基本定額，只有三不五時必須去出席會議的制約。雖然當時沒這種感覺，但之後回想起來，我認為還是非常自由的。

只要習慣了上課、開研討會等教育上的工作，就不會花費太大的勞力，且每週只有一次或兩次左右，最重要的是，每年的學生都不一樣，所以內容幾乎都沒變。若能累積教學內容，之後就會輕鬆許多。

關於大學工作的經營，那時期因為剛好碰上大學改革，雖然是有些辛苦，但只要花時間去做就行了，所以也還好。因為如此，所以也沒什麼特別的煩惱。

可是，對於大學人中的來說，最重要的就是研究。大學的教員，與其說是教育者或官僚，更是研究者。

在當助理時，我應該一天有十六個小時的時間都在大學裡，連星期六、星期日都在，沒有于蘭盆節，也沒有年終休息，一直都在工作。

每天早上起來，馬上會想到的就是「今天要做什麼呢」。畢竟沒有人會對我說著這些話並交代勞動定額，只能自己去找工作做、考量未來的展望、訂立計畫，靠自己一點一滴前進。若有指導學生，也必須去找他們正在思考的研究題目，與其說是「完成工作」不如說「創造工作」的目標比較大。應該思考些什麼呢？有什麼問題呢？該怎麼做才能凸顯出問提來呢？還有什麼方法是沒試過的呢？每天都在想著這些事。沒有固定要前進的方向，也沒有應該要做的事，一開始連目標都沒有。這就是研究，要說自由也是十分自由。

◇與自由共處的困難

像這樣自由的工作，大概沒有那麼多。若有，應該就是藝術類的吧，藝術家或許就是在這樣的自由中生活。如今，我是個小說家，不可否認的，也是一種藝術家。而的確，在自由這點上，我也覺得和研究非常相似，就旁人看來，或許會覺得這真是「自由的工作」，是如天堂般的桃花源。但是，事實是完全相反的。

若是待在這樣的職場中，會帶來極大的壓力。證據就是，偶爾一旦有教授拜託「可不可以麻煩你幫一下這個忙？」這類工作時，反而會讓人感到非常高興。像這樣不得不去做某些事的狀況反而會讓人感到非常舒暢。

因為有拿薪水，就必須去做些什麼，若什麼成果都沒拿出來，每天都只是在閒晃，漸漸地就會有愧疚感浮出，若神經一般的人，或許能長久忍耐下去吧。總之最後經不斷的思考，我若發現有做不到的事，就會去調查、嘗試該怎麼樣才能做到，一點一滴地往前邁進。而且我也知道，那樣的前進有很大的可能性會是白費力氣，但這就是研究。

被人交代下來的工作，其分量是決定好的，只要做完了，那分工作就消失了。此外，很多時候在時間上也有規定，像是五點結束工作，因此感到心情愉快的人們，就是體會到了從支配中解放的滋味。

但是，研究這分工作沒有這類的支配，所以也沒有所謂的結束。每天從大學回家時就像是放下做到一半的工作去廁所時的感覺一樣。終於能體會到結束工作（雖然只有部分）的開心心情時，大概就是在會議結束的時候。

大學的研究人員中，似乎有很多人會在二十幾歲或三十幾歲就得病死亡的，在我周遭，也有幾人過世了。或許是因為過勞，又或者是精神上的壓力所導致，也有幾人是自殺的（當然，我並不知道詳細的原因）。

從這些事例中，我感受到了要與「自由」共處的困難，或許，我們人類並沒有那麼習慣自由。

我想說的是，「自由」並沒有我們所想的那麼「輕鬆」。必須要靠自己思考、靠自己的力量前進。這樣的覺悟或像是決心一類的東西是很必要的。

我沒有打算要恐嚇大家，但就客觀看來，這項要素是無法忽視的，所以就老實寫出了負面的內容（意思是，因每個人的看法不同，有時會是負面的）。不過這就和「登山很辛苦，會有遇難的危險」一樣，任何事物都是，不克服困難就無法有所收穫。

要想獲得自由，就必須要有這樣的覺悟。

◇是誰規定的目標呢？

以下稍微從不太一樣的方面來舉例。

在電視上舉辦了一場活動，是讓小學生們去參加推倒骨牌的大會。體育館裡排放了大量的骨牌，最後將展現出一一推倒它們的情況。雖有部分失敗了，但結果還算是成功，大家都深受感動地流下了眼淚。雖然非常辛苦，但靠著友情與相互合作而跨越了這些困難，要用一句話來說，這就像是一場演出。看電視的人一定也會紅了眼眶吧。

我看到這情況時，大概是屬於那種會瞬間投入情感而情不自禁地哭出來的，雖說會掉眼淚，但也不會無條件的覺得那樣很棒，而要說如此是否真的有價值，那又是另一個問題了。若說只要哭出來就算是好的，那麼只要不斷重複同一部電影的悲傷場面，人就會哭好多次吧。

推骨牌大會到底是誰企劃的呢？是小學生們提出的嗎？他們是依自己的自由來排列骨牌的嗎？

不是這樣的，提出企劃的是電視局。也就是說，他們只是參加了大人準備的「簡單體驗課程」而已。

話說回來，「結束了！」「達成目標了！」這些感覺，可以說正是因人們有被給予工作分量才會感受到的。

若是因自己的發想而開始動手做，是自己賦予自己的目標，即便很明顯地達成了目標，也一定會出現新的目標，而且中途一定會有不滿的部分，會想要修正該處，想重來一次，一定會有這種心情的。若是依自己的自由意志去做，絕對會是這樣，有經驗的人應該會知道吧。

只有在競賽、競技又或是競爭這類活動時，才會有「太棒了！」的達成感。

比起獲得自由，那簡直可以說是從不自由中獲得解脫，不過這只是單純站在自由的出發點而已。

✧成為自由的俘虜

目標是，若不自己決定就沒有意義。真正的自由就是從這裡開始。

朝向目標，一點一滴接近。體驗那種愉悅的感覺，同時，雖然或許會覺得空虛，認為怎麼都難以抵達那個終點，但總之，像那樣往前邁進正是自由真正的價值。

只要知道了這個價值，就會成為自由的俘虜吧。這種表達方式很奇怪，但我們是被自由所束縛住的。而我認為，這就是一件如此美好的事情。

並沒有一個有效且具體的方法能獲得自由，但只要想著想變得自由，應該就會比現今更接近自由。只要朝向光明，就會感覺到自己的周圍也變光亮了，就是這麼一回事。

第 3 章

身邊的支配

◇思考

即便列出像政治家演講那樣完美且擲地有聲的詞語，若沒有伴隨具體的實際行動，就一點意義都沒有。在前一章中也寫到，並沒有實際具體的方法可以獲得自由。即便如此，難道就沒有一絲線索嗎？要獲得自由，究竟要先做些什麼呢？

若要回答這個問題，那首先就是「思考」。

自己好好地去思考受到了什麼支配當然是很必要的。成為束縛自己原因的，若是人為的，就要確實把握其中的意圖。不過在支配中，只要察覺到實際上應該明明沒那麼大的約束力，只是你自己自以為「無法逃脫」的情況，就是一種解脫。只要知道原因，至少就能鎖定目標。就像這樣，即便只是思考，也多少能靠近一點自由。

◇人生中的支配與力量

來舉個例子吧。

一般人年輕時應該多是受到父母支配的，這是孩子的宿命。即便長大成人、在經濟上獨立了，也難以完全自由。

年齡稍微增長了一點後，立場會在不知不覺中逆轉，這回雙親反成了弱勢，這麼一來就不得不去照料雙親。這說起來或許有點不太好，卻也是支配的一種，這是身而為人不得不盡的責任，不可能這麼簡單地放下、逃走。若硬是離開家，也只是暫時的輕鬆解放，就像在酒會上經常會有的「放開手腳開懷暢飲」那樣，是種空虛自由的錯覺，無法長久持續下去，而且假裝的自由，也只是虛偽的自由。

若是結了婚，當然就會被家庭給束縛。比起自己一個人的時候，應該也會出現某些不自由，這也是莫可奈何的。有個詞叫做「有出息」，正是因為有了這類責任，才會生出所謂力量這種東西。此外，說起我自己來是有點慚愧的，因為我大致來說是個懶惰的人，若是自己一人，大概不會有什麼奢望，目標是只要自己的人生過得稍微充實一點就好。但在父母還在世時，我想著：「雖然不是很想前進，但若是父母會開心，就試著稍微努力一下吧。」所以曾將目標訂得超過自己的希望，而結婚後，這樣的對象換成了妻子（這樣的表達雖然很不恰當，但我是刻意使用的），我想著要讓她過得更好。讓她能買想買的東西、多少減輕些她的辛苦，也就是說想多給她點自由。因此，我必須工作得比以前更勤奮，可是因為是公務員，所以不可能突然就加薪，那我該怎麼做呢……我會像這樣問自己。

話說回來，我個人的願望並沒有那麼大，而包含周遭的人在內，「為了我們」這個動機有多強烈，有時會成為自己的加分項。這可以說是與「別去在意他人」的方向性有些微的不同，大家是否能理解呢？這就是面對完全不相干的人以及心愛的人、想獲得評價的人之間的差異。

◇人際關係的支配

人際關係很複雜，所以可以想成是會失去個人的自由。雖然當然能彼此互助合作，但也會自然地出現約束與責任。或許能兩人一起走是很快樂的，但比起一個人走，會更耗費精力，因為必須配合對方的步調。

一般來說，社會都將「人與人之間的羈絆」美化了，傾向於強調這件事的重要性。會告訴大家：「無法一個人獨自生存」「只要能有親近的人就能做許多事」「被愛包圍著而活很重要」。不論是學校還是電視，一定都充斥著這些標語。可是現今不是江戶時代，是即便孤立也能活下去的時代，特別是都市可以說是聚集了這類自由人的地方。

我並不是說「不要交朋友」，我的意思是「可以不用勉強去做這些事」。

若想著：「一定要去交朋友，否則沒有活下去的資格。」那便錯了。也有人是在安靜的地方一個人待著反而比較能安心，在獨自一人時，心情上比較閒適自得，也可以是這樣的。雖然很多人不會說出來，但一定有這類人，而這些人因為被大多數人強加上「常識性」的價值觀而煩惱也是事實。大家一起吵吵嚷嚷喧鬧不已未必就是「好的」，「有常識的大眾」最好能稍微理解一下這點。

例如窩居在自己的房間裡並不能一概而論就是不好，只要沒帶給其他人麻煩，其實不論窩多久都可以，我是這麼想的。即便是一直窩居著，也能做很多工作。如果能好好做那些工作，並因此對社會做出貢獻，那放心的窩居不也可以嗎？

這輩子都不想見到其他人而活這類的願望，或許也是「不該有的」，但我認為，否定這種心情，認為「絕對不該有」是錯誤的。若大家一起喝酒、放肆騷動是自由，那麼一個人靜靜地窩居就也是自由。重要的是要認可彼此的個人權利。

人們不禁會有以下的印象：「明亮的地方就是好的，黑暗的地方就是不好的」，所以「你真陰暗啊」這句話就變成了壞話。關於所謂開朗的犯罪者與陰暗的正義伙伴，我只知道《パットマンX》這部漫畫，但絕對不是「不該有的」。陰暗有哪裡不行呢？我並沒有特別想到其中有什麼邏輯上的原因，也並沒有規定不可以窩居、陰暗的法律。

◇打造「儀式」感

結婚也一樣。認為結婚很正確、單身一個人過是有問題的這種想法很明顯是落伍了，而且幾乎都是藉口。雖有人會說結婚是「人該做的事」，或是「理想的人生」，但這是誰決定的呢？我覺得這根本就是多管閒事。

我本來就覺得結婚典禮這種活動很不自然，為什麼要做那麼誇張的事呢？如果真那麼想慶祝，結婚後再去兩個人的地方做個人的慶祝就好，這樣不行嗎？

我不是很懂要花錢聚集大批人來的理由。

我覺得在這點上葬禮也一樣。若真是那麼愛的人，就應該在對方死前去拜訪他、與本人說說話、打招呼，這樣不就好了嗎？既然死了，本人都不在了，那就沒有特地前往探訪的意義了。

當然，若有人就是莫名地喜歡祭典、宴會、活動等也無所謂，那就讓那些人去做就好，這當然是自由。以前應該若是沒有這些活動就不能喝酒吧，所以不論是開心還是悲傷，只要一有個什麼活動就能喝酒。但現在隨時隨地都能自由吃到美食，所以也就不需要這些理由了。若是有意見認為這些事並非無謂地在浪費金錢與能量，而且也不覺得有大量時間備受拘束，那也是無所謂的。認為無論如何「都得去做」實在很不自由，至少得要能有要做或不做的選項，而若是個人喜好就沒問題。但有很多人其實並不想做，只是因為不知道別人會在背後說些什麼，或是不想在背後被指指點點，所以才想著最好去做。這些人都是在忍耐著這些支配而已。

◇建立「會」

打造「儀式」感這件事很多都成了形式化，就因為這樣，建立「會」這件事有很多也都變成了只剩形式存在，沒有實質上的機能。因為無法將次要的機能全都捨棄，結果只能繼續持續下去，像這樣的情況其實有很多。這類情況持續下去沒有什麼意義，且就算不參加也可以。若不出席，雖會感覺有點內疚，但也就不會犧牲掉自己的時間，十分自由。

例如在你的四周有沒有看起來就像是只有想喝酒的同伴們期望繼續下去的「會」呢？町內會、同學會、運動會、後援會，雖有各式名稱，但都是只有作為「會」存在、持續下去才有價值，很多時候，個人都無法從那個會當中獲得什麼。明明如此，卻被半強制地要參加。若參加有好處，那就算不勉強邀約，人們應該也會齊聚而來。

也有簡直可說是會令人討厭的「紙糊成的會」，像是要各部門出幾個人的定額制、一定要賣掉被分配到的幾張券、要齊聚一定人數的學生去參加學校或學會舉辦的活動等。不禁會讓人納悶，這社會真的是「自由」的嗎？

若是長輩或上司開口，就很難拒絕，比起使用精力反抗，不如說些言不及義的話、忍耐下來還比較輕鬆，有很多人都是這麼想著而遵從的吧。這樣的歷史不斷持續下去，而在孩童時代，這樣愚蠢無聊的支配也一直繼續著。若是討厭，就應該要有勇氣去停止，至少也應該要試著提出意見。即便是無法一拳擊倒的對像，只要一點一點出刺拳，總有一天會奏效。即便微小也無妨，總之應該要做出些抵抗。

✧通力合作

一定要和其他人步調一致的理由是因為有些事沒有集結眾人之力就無法做

到，而做不到的事就是不自由，能做到的事就是自由。亦即這可以說是為了確保集團所有人的自由。

當然一定有非得大伙團結一致才能做到的事，像是工作上有很多情況都是這樣的，團隊工作很十分重要。

可是，為了維持團隊工作而喝酒喧鬧，這樣的道理是說不通的。有推測在戰國時代，讓百姓喝酒後似乎就比較不會積極去戰鬥，在喝了酒後，情緒激昂時，或許還會就此愉悅起來。但就算是這樣，人們也不全然會就這樣冰釋誤會，若有這個時間，還不如認真討論，互訴彼此的想法還比較有用，像這樣的情況也很多。若喝了酒受到煽動，事情因此而有所進展，這怎麼看，瞬間都能看出是很功利性質且不入流的。若因此而認為所有的人際關係都會很順暢無礙，那很明顯就是種膚淺的想法。

◇來自媒體的支配

話說回來，被媒體美化的「家庭」或「愛情」這類支配，對企業來說是最好利用不過的了。比起每個人都熱中於自己的小興趣並將錢花在上頭，企業更希望大眾將金錢投入到過往以來的娛樂上。希望大眾買房車、帶家人去旅行、帶家人去參加活動、不斷買入大量生產出來的商品。

這些贊助商就隱藏在媒體的背後，比起個人隨性、零散的消費活動，購買大量相同產品，對於買賣來說，明顯效率會比較高，因此就出現了煽動大眾的想法。

雖然以下要說的內容有點不太一樣，但我每天都不吃早餐跟中餐，一天只吃一餐晚餐。在孩童時代，我被勉強著要吃三餐，總是為腹痛所苦，胃的情況也經常很不好。長大成人後，能自己自由生活了，我首先做的就是減去兩餐，只吃一餐。

我自開始一天只吃一餐已經超過了二十年，但我健康得很，醫院一次也沒去過，連藥也沒吃過，因為這樣的飲食生活是最適合我身體的。只要健康，工作當然也會有進展，說不定試試看之後，一切都會變得很順利。不過我當然不是說要大家都只吃一餐，每個人當然都有個體的差異。

有媒體不斷宣傳，若不吃早餐，絕對「有壞處」。不知道是否因為前面說的原因，並沒有人提出反對意見。如果一日一餐流行起來，食品產業會受到多大的打擊呢？贊助商都會害怕這樣的情況。因此就會推廣盡情的吃，要是吃過頭了就吃藥，大家對於胃腸藥的廣告就會有這種印象。

若感覺不舒服，只要不吃就好，為什麼要勉強吃到要吃藥的地步呢？社會就是在鼓勵這樣浪費的消費。大家只要各自好好觀察自己的身體然後做決定就好，自己應該是最了解自己的。難道大家連這樣最基本的自由也在不知不覺中放棄了嗎？

同樣的，這也可說是種減肥法。「減少飲食量」是最簡單且確實的減肥。廠商讓消費者購買卡路里較少的食品，甚至在一開始就製作、販賣沒有卡路里的食品。這些商品會變成錢、變成生意，但媒體絕對不會如此宣傳。乘著這股潮流，消費者的錢就會不斷被榨取。

◇難以察覺的支配

在以前的封建社會中，會形成將財富全集中在一個地方的機制。部分的支配階層會榨取百姓，而能這麼做的依據就在於「身分」，有出生尊貴的人與卑下的人，在當時的社會，要跨越這個身分差距幾乎是不可能的。而終於能從這樣的不自由脫逃出來的，在人類歷史中，也就只是最近的事而已。

即便個人的自由受到了保障，還有來自軍國主義的支配。因為國家要打仗，就編造出要忍耐個人願望的「集團正義」，連「那樣不是很奇怪嗎？」的反駁都不被允許。

因為這樣的不自由非常好理解，所以在那樣的社會中，有很多人都渴望著自由，連做夢都會夢見真正的自由。在不自由的社會中，大家所描繪的自由幾乎全都相同。正因為遙遠，所以才幾乎都會看向同一方向。因此可以為了獲得自由而合力戰鬥，就連自由這個詞的的響亮程度，也一定都是以同樣的音量傳達至大家的耳中。「革命」之所以會成功，正因為有著像這樣的條件。

那在現代又是如何呢？乍看之下，似乎會覺得是個自由的社會，民眾看起來有獲得了自由，且大概有許多人都認為「自己是自由的」。備受約束的事情少了許多，即便批判了誰，也不太會沒有一句答辯地就被逮捕。這個社會現在的風氣是，即便是學校的老師對學生進行體罰都會成為問題。資訊不斷地被公開，黑暗的部分也相對變少了。可以感受到，個人的自由基本上確實是有受到了保護。

可是就我的感覺來說，怎麼都不覺得「支配」有消失或是減少。簡單來說，只是變得難以察覺到了。只不過是像封建社會或軍國主義那樣「容易理解」的力量消失了，相對的，反而有著用華麗詞藻包裝，悄無聲息又和緩的支配，而且同樣有著榨取民眾、收集財富那樣的力量。雖然只要稍微思考一下並有所警戒就能防備，但遲鈍的人看不破那樣披著安心皮囊的支配，至今仍會遭受欺騙及被掠奪。

✧房貸

例如貸款這件事，將借錢包裝得宛如是幫助他人，是實現夢想的一種援助手法，但其實就是從沒有資金的人手裡榨取利益的一種機制。只要看一下銀行或保險公司氣派的大樓就會知道，其中有著許多的員工，而支撐、養活那麼多人的，就是付利息的人。房屋貸款尤其慘，要連續支付三十五年，誇張地呈現出每個月只要這些金額就行了，讓人們對美麗、愉悅的生活環境懷抱夢想，並販賣著金額非常高的商品（即便現在的利息降低，若是固定利率百分之三，償還時間為三十五年，若貸款三千萬日圓，利息就會是一千八百五十萬日圓），真是與「一本萬利」這形容非常相應的買賣啊。支配者的一方一定會解釋說：「若不貸款，一般市民一輩子都買不起房子。我們只是在幫他們實現夢想。」可是「一輩子都買不起房子」的社會才很奇怪吧，所以感覺只是做出這樣的設定而已。

假設一下，若全日本人都很聰明，完全不會有人想要辦房屋貸款，情況會如何？就不會蓋房子了嗎？並不會，應該會蓋出以大家手頭上的錢就能買下的房子，又或者是全都是用「租賃」的。若沒資金，只要去借就好，不惜借錢也要去買的東西，到底有多少價值呢？

總之，即便不用想得那麼極端，也要確實確認清楚，支付的總數到底是房屋貸款所借貸金額的幾倍。然後除了要保證在三十五年內，健康且沒被減薪，還有相信著住宅能持續保值這個奇蹟的樂觀主義者之外，沒去辦房貸的人會比較聰明，至少應該要了解那是有風險的選擇。

◇彩券

例如彩券，會出現用「購買夢想」這種話做裝飾的電視廣告，而且幾乎都是誇大不實的廣告。但JARO（日本廣告審查機構）卻經常沉默不語，讓人們對幾乎等同於零的中獎機率懷有極大的期待，這根本就類似於詐欺行為（現在法律是禁止購買由神社、寺院所販售的彩票）。但這麼接近犯罪的行為，卻是由國家率先執行，以從國民身上榨取利益，這樣好嗎？

若要宣傳，至少要明確表示出期待值有多少，現在的做法，只讓人覺得是在更加從窮人身上榨取利益。

要說與這相似的情況，「國民年金」就是如此，人民也看起來是被榨取的，但至少比起彩券來，期待值還高得多了。

只要看新聞，就會看到報導說每天都有人被詐騙金錢的事。若被害者是老人或窮困的人更是會特別令人難過。可是在覺得他們可憐的同時，許多人應該也會覺得他們「為什麼會因為那樣愚蠢的事情而上鉤呢？」

沒錯，若從結果來看，所有人都知道。若能在一開始就看清整體樣貌，就能明顯看出那是很愚蠢可笑的。然而當事人在一開始是看不到的，因為近在身旁，反而難以看清。

像利息過高等極端的方法會成為犯罪，但只要適度降低，或用小字標示風險，就會成為有著「商品」名稱的合法物品。雖然偶爾有極端的例子會成為新聞，但其他較為和緩的情況，一直根深蒂固地存在於社會上。那些會成為一般的商業行為，賺錢的人會蓋大樓，在電視上做宣傳，尋找下一個「冤大頭」。

✧巧妙的支配

就像這樣，「支配」會改變形式，並變得更為巧妙，一點一滴奪取許多的「自由」。不過和以往相比，至少沒了用強制力去進行的情況。若能親自看透、做出判斷，以守護自己的自由，就能在某種程度上做出防範。重要的是，要察覺到那是「支配」，若有這分自覺，接下來，自然就能考慮到該怎麼更加拓展自己的自由。

我也是一點一滴從小說讀者那裡榨取的。讓讀者想要讀我的小說、「支配」著讀者，所以這樣的榨取才成立。但是若讀者認為這樣的支配不適合自己，隨時都可以從我的支配下逃開。要讀什麼都是讀者的自由，這不是理所當然的嗎？我從來都沒有像貸款或彩券那樣宣傳過「只要購買，夢想就會成真」。

例如，若我與銀行經營有扯上關係，就絕對不會那樣寫，因為若寫了，一定會被開除。電視上，是否曾將貸款的恐怖、保險的風險等製作成節目主題？只要客觀報導真正的情況就好。若是為了觀眾著想，為什麼不做呢？也就是說，因為贊助商很恐怖所以無法做，這就是現今媒體的概況。

◇應該要會察言觀色嗎？

我們來換個不一樣的話題吧。

不久前，人們就頻繁使用「不懂得察言觀色」這種說法。我們有必要察覺自己周遭的環境、氣氛、人際關係、他人的情緒等各種事物，所以就會集中心力在「察言觀色」這樣的表現上。這是自古以來就有的說法，但以前卻從來沒有將「不懂察言觀色」說得那麼誇張且毫無遮掩的，因為這才正是不會察言觀色的行為。

的確，只要活著，注意周遭的一切就是非常重要的。不過與其那樣說，不如說，在避開危險的意義上，這對各種動物來說都是很自然的行動。

那樣巧妙的支配，就會潛藏在這樣的「氛圍」中，因為在人心中種下了「不可以落後於周遭人」的不安，就能讓人購買不必要的商品。

因為要察言觀色，就必然不能逆流而行，但透過察言觀色，有時也能避免被捲入不必要的事件中。

隨順潮流時，自己與周遭就不會產生摩擦，因為周遭也會用相同的速度流動著，這就是「隨波逐流」的狀態。可是從稍遠處來看就會發現，自己正朝著沒想到的危險方向前進。就像這樣，一旦只被周遭的人事物所束縛，就有遭受極大損失的危險性。

不僅是周遭，偶爾看向遠方時，也是正在推想自己的客觀位置，依此就能知道自己的立場。正因為有這些資訊，才會成為一個契機，讓自己努力朝向應該前進的方向前進。若是過度埋頭於「察言觀色」，就會成為「只要察言觀色就會放心」的人，會一直處於隨波逐流的狀態。若沒有主見地聽周遭人擺佈，那要到什麼時候才會發現悲慘的不自由呢？

◇促成團結的支配

一般來說，從支配方看來，會希望大眾盡量要團結一致，那樣比較好管理，只要想一下軍隊或團體作業等就容易理解。

單純將人力視為勞動力來看時的效率，取決於「團結」的程度。因此，該如何讓大眾團結的技術，也就稱作所謂的「領導力」。若換一種說法，就是「籠絡人心」這樣的表現吧。高舉容易理解的目標、說些應該追求的理想，用各種方式控制人心，像這樣的歷史也是有的。

在此之前的時代，若大家不團結一致就無法破壞封建社會，而且為了活下去所進行的必要生產活動，也須要大家齊心協力。可是人類已經跨越過了那樣的困難，須要團結的情況也沒有以前多。若期望革命，只要成為候選人或在選舉中投票就好。即便沒有幹勁，只要肯支付高額薪資，就能匯集到許多有能力的人才，電腦也可以將過去人類花時間處理的事物在瞬間完成，而且這時代還可以用數萬日幣就買到電腦。

即便是像現在這個時代，還有需要團體內的團結嗎？雖然我不認為是完全不需要的，但是否也太過美化了人與人之間的協調呢？

重複一次，我並不是說「團結」「協調」就是「不好的」，但也不須要認為那擁有絕對的價值。高舉這口號時就會有支配，而且只有崇拜這件事的不自由是人們可以看見的。只要帶著「也不一定就是如此」的坦率眼光，是否就能迴避支配呢？

想盡可能大量製作同樣的東西，所以要把消費者定型，這樣的例子其實很多。之前已經寫過關於時尚的話題了，但若是對個人來說，最大的商品——住宅——情況又是如何呢？

我經常都感到很不可思議，為什麼日本的住宅可以這麼統一呢？外觀很相似，房間格局也很模式化，在廣告中不斷重複的廣告標語都是「天花板很高」「悠然自得」「明亮」「家人聚集在一起」「好用的廚房」「開心的聚餐」等等，而播放出來的影像都是「大家笑逐顏開地聚集在客廳中」「南面有著大扇窗戶」「有太陽光灑落」，都不太會出現有下雨天等景象。像這樣的「描述」或「景象」對眾人來說，簡直像是絕對條件般被讚頌著。

✧設計自己的家

我的專業是建築。在三十幾歲時，我第一次自己設計、建構了自己的家。那時候我很憧憬天花板很高的房間，所以試著把自己書房的天花板設計得高有六公尺、與客廳間不設牆壁，試著打造出能經常看見家人的明亮空間。但是開始住在裡面之後，也立刻開啟了我做為作家在家寫作的新工作。我當時沒料想到會這樣，在工作時，我會開始在意客廳中的電視聲、說話聲、笑聲。明亮又快樂的家庭，對寫作工作來說，明顯成為了妨礙，要是當初把書房建造得安靜又能讓人集中注意力就好了。此外，高的天花板也形成了冷暖房效果不佳的空間，而在日本住宅中，還沒有足夠高性能的絕熱機能，因此很遺憾的，難以說是很舒適的環境。

因為寫小說，結果我們家人都變得頗為自由，那是因為我透過小說這分工作，獲得了預料之外的大量報酬。國家公務員的薪水是一點一滴上調的，因此可以預測將來會怎樣。我因為想著要比現在更自由而決定寫小說，並且獲得了好結果，像這樣的好事可不是說有就有的。

不過即便這方法行不通，我也有想到另一個方法。所以不論怎麼說，我都曾想要透過某種方法以自己的力量來獲取自由。不過現在的情況是我設想中最好的結果。

我只有一點想為自己辯護，那就是只有進到那個高天花板的書房，我才有心思寫小說。在一段時間內，雖然會強迫家人的自由受到一點點限制（在我工作中要保持安靜），但我不認為設計本身哪裡有問題。那是追求自由的設計，而那分自由則是會產生出更多自由的一個階段而已。

雖然稍微有些岔開話題，但我不是要炫耀現在的自己是很自由的，因為我至今仍覺得不自由，還沒有確切認識到自由。

說起自由的價值，比起過去的自己，現在的我、甚至是將來的我，都能感受到變得「更自由」。經常朝向自由前進，那樣的姿態，可以說就是自由的本質。因為朝向的目標就是自由，朝向目標的姿態也是自由。可以說，這樣奇妙的連鎖反應就是自由的特性。

◇成見的支配

回到住宅的話題吧。我靠寫小說賺來的資金，買入了廣大的土地，以及建構在其上的建築物。訂購的價格並非數千萬日圓，而是以億為單位買下的。因為突然能做到這樣的事，所以是令人難以置信的「自由」。

那個家很舊，雖然想馬上打掉重建，但試著住了一陣子之後，竟驚人的舒適。那個住宅是以國外的手法建造的，窗子全都是固定的雙重玻璃，而且牆壁與地板也都是完全的絕熱設計。即便是在冬天，到了早上，也會因前一晚空調吹出的溫暖空氣，而能毫無阻滯地換衣服，這房子就是這麼溫暖。當然，夏天的冷氣也是非常強。這間房的設計是北面全都是玻璃，南面的窗戶則很少。每間房間的照明都很暗，但是只要在看書時打開檯燈就好。

為什麼房間中一定要明亮不可呢？一定要這樣嗎？我如此在意地想著。因為只要在有需要的地方、有需要的時候打開照明就好。陰暗的房間很有氣氛，這點也不壞。例如在高級餐廳、旅社等，很多地方不也都是只有些微的照明嗎？現代的日本人是否過於毫無意義地追求明亮了呢……

雖然學費很貴，但有些事不試不知道。這也是「支配」。之後我會再詳細書寫，但意思就是「自己的成見」成了阻礙，而且成見有很多都是起因於某人設置的宣傳資訊。只是聽了認為對自己方便的資訊，讓人們認定那「是很棒的東西」「是不可或缺的」「是理所當然的」「是很健康的」。就像單只是面對「明亮」這個詞，人們就很容易被騙、被支配。

◇自由的發想

先大致統整一下吧。

首先要察覺到重要事項。

要自覺受到支配。

從中就會產生出自由的發想。若能自由發想，那自然就能自在行動。

若要自由行動，多少會和周圍發生點摩擦，畢竟周圍的人幾乎都處在「支配下」，而他們也深信那分支配是「理所當然的」，所以會用「不要隨意行動」的眼光看待想自由行動的你，有時應該也會對你的行動有所抵抗。

那麼，該怎麼做才好呢？請試著在下一章中稍微往下挖掘一下那個線索。

第4章

反抗支配

◇為了獲得自由

若察覺受到了支配，一般來說，所有人都會期望能獲得自由。但若是自己渴望、期盼的支配，那從一開始就不會產生出問題。

此外，即便受到支配，若能因此獲得好處，在衡量利益得失後，評價得出處在支配下對現今的自己比較有利，應該也會覺得忍耐比較好而能忍耐下去。

以下說的內容或許比較抽象，但為了獲得大自由，在有小支配的情況中一直忍耐的例子相對地很多，反而可以說那樣是很普遍的。這就和處於練習狀態中一樣，為了能成功，就必須不斷練習做不到的事，雖然是有可能從中感受到「快樂」，但基本上都會伴隨著些許的痛苦。

若說著做不到就扔下不管，那就將永遠都無法獲得自由，像這樣的教訓可說是不勝枚舉。

◇職場上出現問題時

任誰都會有些許不滿，像是現在工作的薪資少，或是那不是真正想從事的工作等，這些當然都是不自由的狀態。

話雖這麼說，但要擺脫這件事卻會伴隨著些危險。若順利還好，但有很高的可能性會陷入更糟的狀態。想辭掉現在的工作，去尋找適合自己、條件不錯的工作，這樣想是很積極，可是一旦辭職，就會沒有薪水可領，也不知道能不能找到適合的工作。至少應該在辭職前要有個希望，就算不辭職，也要先做好調查。

「總之先辭職吧」這種話，不過是被眼前的自由所引誘，從而逃離支配而已（不過，也是有不得已而受到逼迫的狀況，所以不能一概而論）。現今職場有問題時，有個方法是一點一滴將環境改變成如自己所願的。在辭職前，還是有嘗試一下的價值吧。說得更甚些，適合自己的工作是什麼呢？是什麼樣的工作呢？是否有和某人討論過了呢？有說出口過嗎？

只是模模糊糊地在腦子裡想著自由是無法改善什麼的，一定要發起某些行動，否則現實不會改變，也不可能前進。

✧組織與自由

雖然避免大摩擦很重要，但若有不滿，將這些不滿傳達給周遭的人知道也一樣重要。

「自己對現在這個環境感到不滿」只要確實傳達出這樣的心情就好。這麼一來，對方一定會這麼問你：「那麼，該怎麼辦呢？」若沒有好好回答，那就傳達出真實想法這點來看是沒有意義的，只會淪為抱怨。若只是說著：「唉～我是不是只能辭職了？」將完全無法與人交流。既然目標是朝不辭職並做出改善的方向努力，若是擺出那樣的姿態來，當然不會有人聽自己說話。

所謂的組織，愈是龐大就愈是保守，不會輕而易舉地改變。與個人相較，是非常遲鈍的，這就是組織。

我工作的地方國立大學等處更是如此。因為在內部，其實有很多不滿，像是認為是否必須要把時間或精力浪費在這樣不合理的事情上呢？若是處在這樣的局面下，最好還是把自己的所思所想清楚告訴周圍的人，這才是健全的態度。偶爾也可以試著在會議上發言，像是：「做這種事並非白費時間。」不過大致上來說，都會獲得「這種事我知道，但現在就是無可奈何」這樣的反應。

沒錯，就是這樣，個人的一句發言，是完全不會有什麼改變的。因為制度就是這樣儼然不動。

即便如此，也不須要擺出一副「我很樂意遵守現今制度」的模樣。只要表現出抵抗，自然地就會傳遞給贊同者，在這樣的期間中大家就會表態，最後有時也能收集到意見，並獲得改善。

不過幾乎很多時候都是會獲得「忘記了」這種經過超久時間後才出現的反應，很遺憾的，這就是從經驗中學到的事實。這點實在令人難耐，我也有過好幾次遙想起「是嗎？那時候嘮叨過的事，現在起作用了啊」的經驗。

為了獲得自由，或許就需要這樣的忍耐或是寬容性。若是性急，反而會遭遇極大的抵抗，讓自己陷入不好的境地，結果反而會變得不自由。在這部分，似乎很要求要有平衡感，而我對此則是很欠缺的。若是在中途放棄，最後的結果就是看清組織本身。

◇自己期望的生活方式

最近，退休後搬到鄉下，在那裡過著近乎自給自足的生活，或是將生活場所轉換到能最大限度活用自己興趣的環境這類優遊自在的生活方式已經變得沒那麼稀奇了。

我年輕的時候以為那幾乎是不可置信的例子。若是在工作上獲得了大成功，賺了大錢，或許還有可能實現那種程度的夢想。誰也沒想到，就連極為一般的人（也就是收入大致在平均線上的人）也能做到。大概若是在當時，周圍的人也都會表現出極大的反對吧。只要不是那麼奇怪的人，就不會下定決心踏出那一步。就這層意義來說，感覺這是個可以拉開讓大家都變成怪人、很棒的自由時代的序幕。

這個社會變成了可以讓形式稍微被破壞一些，亦即可以說是能容許偏差了。因為眼睛看不見的社會抵抗變小了，從這意義上來看，對自由人來說是很慶幸的。不必等到退休，即便是從年輕時起，都能實行自己所期望的自在生活。若能獲得家人的理解，情況就會變得更簡單了。雖然也是能帶著孩子同行，但一定要擁有信念才能克服難題。

關於這點，很遺憾的，我很沒自信。我自己對於將孩子牽扯進自己人生這件事很是猶豫，因為孩子有孩子的人生，所以盡可能不想將我的價值觀強加給他們。因此，直到孩子成為社會人士之前，我都打算過著一般的生活（在可能範圍內）。我是在四十七歲時辭去國家公務員的工作，那時候，孩子們都已經成年了。

要養育孩子，就必須覺悟到會有某種程度的不自由，不過，從孩子處獲得的回饋很大，也有很多事值得學習。這樣的比喻雖然很怪，但就像養動物一樣。若是養動物，多少會產生出不能去旅行等的不自由，但我覺得，所獲得的東西卻比那些不自由還更棒。不論任何事物，都要比較這樣的優缺點，並做出決斷。不論何者，都有好有壞，因人而異，價值也會有所不同。

即便如此，如今想來，還是會覺得趁年輕時生養孩子是好的。這點我的太太似乎也同意。趁年輕時養育孩子雖然會有很多辛苦之處，但之後很快就能獲得自由，我說的就是這個意思。

我的兩位雙親都已經去世了。雖然歷經過周遭人死亡的不幸，但是我也很早地獲得了自由。我再也不會被原生家庭所束縛，也不會被土地給束縛，能夠單以自己的價值觀來選擇自己的人生。

◇自由的事前準備

回到本題。有個題目是，該如何應對降臨到自己頭上的支配呢？如同剛才所寫到的，是要不斷視情況來判斷並取得平衡，然後清楚告知周遭人自己的意見，可以一步一步慢慢來，持續努力做「獲得自由的事前準備」。

例如若要出席討厭的會議，最好要思考為什麼會討厭，然後把這點告訴周圍的人，若能改善就進行改善。或許有點困難，但若不告知其他人，對方就不會知道自己的想法。

在職場上，有很多人都會覺得，總之就是要「和顏悅色」。人們認為，完全不擺臭臉的認真工作，才是理想的模樣。

可是，那是「待客心得」，並不一定適用於職場伙伴或上司。關於我反對這點的確切原因就是，我認為應該要確實地說出意見，而不是帶著虛偽的笑隨順而過。

不過，不可以因為表達出意見，就去抵制工作的進行。若不好好做工作，本可能會被通過的意見也會過不了關。也就是說，在會議上說出反對意見，即便被駁回了，也要遵照決議而行，要完成被給予的工作量，甚至必須比別人完成得更多。愈是讓人看見自己有才能，你的意見漸漸地就會被周遭人給聽到。即便人家告訴你「不可能改善」「就算那麼說也沒有用」，意見仍會留在大家的記憶中，而那確實有著積少成多的效果。

就像這樣，有耐心地一點一滴去打造自己想要的環境就是自由。

◇單純的反對不是意見

不過，應該要注意一點，單純的討厭、總之就是不喜歡、就是要反對、不想做等，不能說是意見。反對必須要合理，一定要說明得很有邏輯，該怎麼改善比較好的對策也是不可或缺的。單只是反對的在野黨，政策永遠都不可能會獲得採納，更別說能奪取政權了。

剛才我已經說過孩子的話題了，以下再試著舉一個例子。

假設有位小男孩想央求父母買自己想要的玩具。他來賣場時死乞白賴地哭泣嚎叫著：「買給我！買給我！」但父母都不聽他的。無可奈何下，父母買了別的便宜玩具給他，結果他當場就停止了哭泣。到了下一次，他又看到了同一個玩具，照樣哭泣嚎叫著，但父母還是沒買給他。

接下來是另一個小男孩的情況。這個孩子不會哭鬧，但會向雙親說明自己想要的東西，結果父母便責罵他：「怎麼可能買那麼貴的東西！」可是在那之後，即便父母要買便宜的玩具給他，小男孩都不斷搖頭說：「不要，那不是我想要的。」若貫徹這樣的態度，或許雙親就會堅持不住買給他。

兩個男孩都想要同樣的東西，但其中有什麼不同呢？那就是對自己想要東西的執念吧，還是作戰方式的不同？

因為父母也有各種不同類型，哪個男孩的做法有效當然不能一概而論。可是若我是父母，會覺得後者的男孩比較有利。因為他會考量方法，並決定優先順序，所以對對方來說是有說服力的。他的這種模樣，會給對方留下很深刻的印象，這點很重要。

◇沒有一體適用的成功法則

這時候若是去到書店，我不太清楚像是商業書籍等這類書的分類方式。但關於該如何生活？如何展開工作？又或是從發想、思考、判斷的方法，到構築人際關係的方法等，都會擺放著有各種技巧的書。

既然製作了那麼大量的書，那是否有著相應的需求呢？希望花錢買書的人既然都已經那麼積極了，比起渾渾噩噩的人來說就更有優勢。也就是說，因為有很高的潛力，成功可能性就高。

所以或許有很多例子是參考了書本中所寫的內容而獲取成功的，可是大概就算不看書，那些人也會成功吧。

我突然想到，說不定這本書也被人認為是啟蒙書（我不太清楚確切的說法）的一種，但老實說，我認為：「嗯……應該不是啟蒙。」該怎麼說呢，這本書有那樣的功能嗎？書寫這本書的我自己並不是很清楚，這不是件很不可思議的事。但也是有如此的使用方式或解釋的……但是，不，這樣不像是詐欺嗎？我如此煩惱著。

確切來看，並不具體存在適用於所有人或情況的成功祕訣。

若就抽象來看，是否在某種程度上能抽出共通的事項呢？例如像是「必須努力」這類的訣竅，這講出來當然是會被一笑置之的，但這是事實，所以無可奈何。要解決問題，有各種方法，必須視各不同情況，也就是 case by case 來臨機應變。總之，若能正確把握事態、再三思考、深思熟慮後，就只能相信自己並前進。看吧？果然還是很理所當然的說法吧。雖然妙計有時很有效，但妙計終究是妙計，成功率最高的是從正面進攻，而這也才是真正的捷徑。正因如此，才會叫做正面進攻法。

◇「抽象力」的重要

對現在年輕人來說，他們總是容易不禁就被具體的事物奪去目光而去關注，我想這大概是受到了電視的影響。若有某間店被報導說哪種餐點好吃，他們就會一定要吃到才肯罷休，即便實際上不是如此，也想要吃到一樣的料理。

但是，只要冷靜下來思考一下其中的本質究竟是什麼就會知道，那只是單純「想吃美食」的食慾罷了，但滿足食慾只須要吃自己喜歡的食物就好，而且什麼時候吃都可以。

又或者說可以試著稍微這樣想一下，之所以想吃那些食物的本質是什麼，是一陣子沒吃了感到懷念？是想試試至今為止沒嚐過的味道？還是用餐時的氣氛這類抽象的東西呢？我認為，能夠瞬間看清這些的眼光很重要。

自己想做什麼？很令人意外的是，人們總是在對此搞不清楚的狀況下行動。用抽象的眼光來看事物，亦即，擁有「抽象力」的人，會從他人的成功案例、其中訣竅等資訊中，立刻看透抽象的本質。這麼一來，即便是完全不同的範疇，也能對自己現在面臨的問題產生幫助，這也可以說是種應用能力吧。

因此，閱讀成功人士、賢德人士的書籍，當然是有用的，但不可以專注在其中的話語或具體事例上，要排除具體的事物，也就是眼睛能看見的「現象」，掌握住隱藏其中的內涵，除此之外，沒有什麼萬能的訣竅。

太抽象了搞不清楚？這就是種誤解了。因為抽象所以才能理解，而且有很多事都是太具體了才會讓人搞不懂。

◇與他人商量

因為工作上的關係，我經常和許多年輕人（主要是大學生）來往。有時也會涉及到像是人生諮商這類氣氛的談話。說起他們的煩惱，就一般來說，就是「自身所處環境的不自由」。因為不知道該怎麼做，又或者說很迷惘，所以才來尋求建議。

像這樣找其他人商量的行為，至少還不是最糟的情況，反而其實很積極。畢竟有自覺到自己是不自由的，想奔向自由，這樣的方向性並沒有錯。比起完全都沒察覺到好太多了，而且比起完全放棄是更有發展性的。同時為了去找他人商量，就必須用言語表現出自己的不自由，這是個非常重要的過程。

自己的印象、情緒這類東西，只有自己知道。是植基於確實存在著的記憶或思考中的。與之相比，語言是計數的記號，是與他人共享資訊，抑或傳遞資訊的方式。將心情形之於語言時，至少得先經過過濾。相信任誰都有過無法順利把話說出口的經驗吧，這是理所當然的，要訴諸語言，就一定會有喪失的資訊，或許失去的還比實際傳達出來得多。

可是即便如此，若不訴諸語言就無法傳達到外部去，所以不得已，多少得有些犧牲。要訴諸語言，就要依自己的方式做出整理，在細節部分，必須做出是零還是一的判斷。若沒有將模糊的存在，決定為較接近A還是B，就無法形成語言。在這過程中，與一個人獨自煩惱相較，會比較能形成客觀的思考。因為透過訴諸語言，會做出「他人會怎麼想呢？」這樣的想像。

因此，找人商量本身，就可以將煩惱明確化，單是如此，就可以朝解決的方向發展。即便沒有從商量者那裡獲得建議，也會得救，教會的懺悔就是這種機制。大家是否有「單只是有人聽自己講話就會覺得輕鬆」的經驗呢？

✧解決對策要明確

我在二十多年前就看透了一個法則，那就是「有煩惱的人不是不知道解決方法，是就算知道了也不想去做」，我在各處都有寫到或提到這點。

我並非在揶揄有煩惱的人。人總是會最先考慮到自己，最會為你著想的就是你自己，所有人都是如此，無一例外。

雖然知道該怎麼做才好，但卻處在無法坦率選擇那個方法的狀況下，所以才會煩惱。

上述那個法則的意思就是——並非沒有解決方法，並不是迷路，而是眼前雖有路，卻因為某種原因不想走上這條路。

雖然跟別人說：「請告訴我路。」但實際的問題卻是出在要解決討厭那條路的情緒。因為討厭那條路，只好尋找其他遠路，但比起這麼做，排除不想走過那條路的原因才是根本的解決之道。

畢竟就客觀來看，絕大多數時候，走那條道路都是最合理的，而本人其實也知道。那麼，到底是因為什麼原因而讓本人討厭那條最好的路呢？

就我的經驗來看，很多時候，那個原因都是因為深信「自己做不到」，又或者是「討厭麻煩」，而這些都只是偏見。擋在那條路上讓人走不過去的，毫無疑問就是自己本身。

此外，有時會希望有人在背後推自己一把地說：「那條路是絕對正確的，努力前進吧。」這是在渴求著踏出第一步的契機吧。可以說，這種狀況難免會被想成是在撒嬌，雖詢問著「該怎麼做才好？」但其實已經有了自己的「答案」，希望有人在後面推一把。

◇確認自己的位置

既然說到了道路，就順便來寫一下地圖吧。

地圖是為了得知道路的指南，在上面有著該通過哪條道路才能抵達目的地的資訊。持有地圖就等同於是為了要達成目的，又或者說是得知了能解決問題的技巧。因此只要有地圖，就容易放心地覺得一切都沒問題。

這一點放在各種書籍刊物、各種教育上等，不論任何事物上都適用。認為鑽研進修，然後把指南默記下來，就可以應對一切。可是現實可沒那麼美好。為什麼會這樣呢？

迷了路，首先會打開地圖，可是看了卻依然一頭霧水。有什麼搞不清楚的呢？目的地明明就很清楚。

那是因為不知道「自己現在在哪裡」，也不知道「自己是面向哪個方位」。

這樣的情況應該非常多。眼前似乎有著進展不順的問題，同時又有著能解決問題的厚重指南，可是卻不知道在哪裡發生了什麼事才出現這樣不好的狀況，不知道問題出在哪裡。世界上很多問題，幾乎都是像這樣含糊不清的。若能明確知道這裡有問題，可以說幾乎就都能解決了。

重複一次，我之所以寫下「察覺到支配很重要」的原因就在這裡。要獲取自由，就要從分析自己如今的狀況抱有什麼問題開始。只要認識到自己的位置及方向，自然而然地就會看到修正軌道的方法。

同時，進行分析時，不要只是思考，也要整理思緒、試著將其化為語言。就算不跟人說，也該與自己對話，化為文字寫出來也很有效。試著在經過幾天後再去讀那些文字吧，自己是否能輕易理解呢？雖然也有無法用語言表達的東西，但是仍有必要做些努力，試著用語言表現出來。當然也有須要與周圍協調、共同合作的解決方法，畢竟若是無法讓周遭人都採納信服，就無法構築自己的自由。

該如何瓦解這些障礙呢？我們應該好好思考，進行演練作戰，像是訂立計畫、安排時間表等，一點一滴前進。但應該也有無法按預定前進的時候吧，這時候就要立刻修正計畫，一定要能臨機應變，不慌不忙地前進吧！只要往自由靠近，就能感受到不少的自由，隨之就能理解其中的愉悅。

這不是什麼很辛苦的事，只是每天一點一滴實行自己決定要做的事。例如決定好在想起床的時間起床，單只是這樣而已。若能像這樣自在生活，就已經是在實現自由的一部分了。只要有計畫就能前進。一切都是從確認好自己最初的位置開始。

◇持續不自由的原因

有人會說自己是不自由的。這類人知道自己不自由的原因，可是他們喜歡那樣的不自由，所以才離不開那樣的情況。他們是被支配所束縛住的。他們會皺眉發牢騷說：「唉～真是勞苦不斷啊。」

不論這是對工作伙伴的抱怨，或是家庭內部問題，還是不景氣的社會整體環境，雖然對象各式各樣，但共通點都是那個人允許了這些情況的存在，他們會給聽的人這種印象。

可以想像得到，這就和聽到「真是的，一直下雨，真討厭呢」這種話是一樣的。下雨的確很莫可奈何，依現在的科學技術，並無法預防下雨。但是我們可以撐傘。若是打棒球，也可以在巨蛋等球場中比賽，可以像這樣克服不自由。不論任何事，只要不放棄，就一定有方法，而且也終究會實現。

因此，若反過來說，總是一直不自由的原因，除了本人的容許以外，再無其他。

我並不是勉強大家說「要努力啊」，不是要各位做這麼痛苦的事，與其持續痛苦，不如去質疑那個方法。若不快樂，就無法長久持續下去，所以要配合自己的步調，一步一步接近自由，一邊品味這樣的感觸，一邊用旅行的心情前進，這樣就一定能順利進行吧。

我大致上就是用這樣的心情才能閒適前進的。不論有多閒適，只要每天都有前進，就一定能走得遠。

✧打造自己的期望

試著再稍微想像一下能獲得自由的祕訣。雖然一切都是很抽象的方法論……

我最先想到的是：「不要和大家做同樣的事才是上策。」我想，這祕訣應該能在很大機率上獲得成功。

因為日本人似乎是個深信「只要和大家在一起就會感到安心」的民族。即便是對自己的孩子，也期望著「希望能和其他一般人一樣」，會給孩子買和大家一樣顏色的書包，男孩子是黑色的，女孩子則是紅色的。當孩子說：「我想要黃色的書包。」大人們是否有反對過：「不要買那種的。」呢？就像這樣，實際上在很多情況下，大人們都奪走了孩子的自由。

我進入小學就讀已經是四十五年前的事了，大概有半世紀這麼久遠。當時的社會比現在更保守，連書包也只有賣紅色跟黑色的，可是偶爾在百貨公司會有單一個的藍色書包，那與其說是藍色，更像是天藍色的。當我毫不猶疑地就說要買那個，母親雖對我說：「真的要買那個？」再三向我確認，但還是買給了我。現在想來，那時的母親真了不起。雖是件瑣碎的事，但這類事情會不斷累積下來吧。順帶一提，我的兒子也說過想要藍色的書包，我也買給他了。那並不是我推薦的，只是歷史重複罷了。

話題又跑遠了。不過若是工具，我的母親什麼都會買給我，可是除此之外的東西，則很少買給我。因為她說：「若有了工具，就能做自己喜歡的東西了吧？」我雖然很希望父母買塑膠模型或鐵路模型給我，但父親只買過一次戰車的塑膠模型給我，母親則只買過一個德國非常高價的電力機車給我，而這些都是非常少數的例外。母親總之就是會想買賣場中最貴的東西。工具也全都是歐洲製的頭等製品，她甚至能給小學生用德國品牌的鉗子。雖然我認為那是一種很大的浪費，但其實至今，我仍在使用著母親買給我的鉗子，刀刃都沒壞，還在使用中。我長大成人後，在建材超市買入的便宜工具，幾乎都損耗掉了，所以兩者差別非常明顯。

不過先不管這些教訓如何，母親要告訴我的，其實是：「塑膠模型只能按照設計圖來做。那是你真正想製作的東西嗎？」這個問題。

若能有工具，並隨心所欲的使用，就能製作出自己想要的東西。這才是真正的自由。

✧人氣與需要

剛剛明明在說選擇與其他人不同的道路，卻跑題了。不論在哪個時代，哪個方面，都一定有一條道路是有許多人所選擇的。

我在大學指導學生時，大家都有未來希望工作的地方。例如說起建築的職種似乎就是設計師（一般稱為建築設計師）。設計師似乎是個很有人氣的職種，他們也很常出現在電視上，較容易想像，所以大家都會想成為設計師。

我進入研究所就讀時，其實是想念建築的歷史。我喜歡以前歐洲的教會建築，覺得若能看著喜歡的東西學習，那就太棒了。可是，講到歷史的課程剛好與專門研究設計的是同一堂課，所以瞬間就湧入了許多報名者。我雖沒有想要成為設計師，但若想要能被分配到那堂課，就必須要在高競爭率中勝出。彼此談過後若沒有人願意退讓就猜拳，當時的規則就是這樣。若猜拳猜輸了，就只剩分配完第一志願後還有空缺的課堂這個選項。

我在此就很乾脆的變更了將來發展的方向。我選擇了比較沒那麼受歡迎的建築材料這堂課。若是那堂課，就算不用猜拳也能進入，若不是許多人都會去的領域，機會一定會比較大，我當時是這麼想的。

這個選擇讓我最後成為了大學的教職員。因為比起其他領域，很明顯的，這個領域的研究人員很不夠。是個明明有需要，專家卻很少的領域。

受歡迎的東西，社會並不一定有所需求，反而與之相反的需求較多。愈是沒有人氣的職業，工作人手愈是不足，待遇會比較好，在各種情況下，能選擇的自由度也高。

◇別受困於先入為主的觀念

話雖如此，但大家為什麼還是會朝著「現今發展好的領域」前進呢？現在發展好的領域，明明有一天情況會變不好，但還是會有很多想要就職的人蜂擁進入現今發展好的公司中。這樣的景況真讓人覺得不可思議。

說不定是想獲得「獲勝了」的滿足感，或是想要有「能炫耀」的優越感，雖然能想像到可能會是出於這樣的動機，但是我認為，用這些細微（對於其他人來說可能看起來像是虛榮）的動機來決定自己的將來，真的是很無謂的事。

大家覺得呢？

大排長龍的店家也是一樣，對我來說，那實在是非常很奇妙的光景。靠自己發現好吃的店家，這樣的喜悅不是比較大嗎？一旦在電視上播放「這對減肥有效」，隔天超市裡的那樣商品就會賣光。先不說別人的事，總之我太太就很喜歡咬上那樣的誘餌往前衝，像大拍賣等也是一樣的，只能理解成是像祭典那樣的感覺。

當然，我並沒有否定一切，而是微笑看待。可是在人生中重要的情況、要分出勝負的局面下，就應該要認真考慮大多數人都沒有選擇的道路。思考是不是受到了「因為大多數人都沒走，所以覺得安全率比較低」的這個先入為主的觀念給支配了呢？那真的是有憑有據的判斷嗎？「龍門難登」這句話本就有這個意思。我記得那句話的意義是指，要選擇不是所有人都能通過的窄門，而非寬廣的大門。

不過，為了以防萬一，我要在這裡先寫下一個觀點，希望大家不要誤解，那就是不可以做出「狹窄就是好的」這樣簡單的判斷。不是這樣的，我的意思是，不要因為是窄門就忽視它。

自己所選擇的範圍就全都要好好關注，不要自己限制了自由的可能性，機會只會對有注意到的人微笑。

◇工作的其他樣貌

話說回來，人們有著形形色色、專屬而特有的個性。社會的基本機制就是，會在某種程度上壓抑這樣的個性，進行協調合作，找出彼此的共同利益。愈是貧乏的時代，有效率的協作愈是不可或缺，而個性則是礙事的存在。此外，誠如在第一章中所寫到的，人類這種動物的本能就是要成群結夥地融入團體中、隱沒個性才會安心。只要成為團體這個巨人的細胞，就會有種錯覺，宛如自己的模樣消失了般，但是現在應該已經不是這樣的時代了。

我們經常會聽到人說「要更有個性點」，所謂的個性化，在今天，完全不是個不好的詞語，反而很多人都期望著「有個性真是太好了」。然而卻有很多人還是會湧入老套的模式，大家都採取同樣的行動，這到底是怎麼一回事呢？可以用動物性本能一句話來解釋嗎？

試著思考一下社會的大潮流吧。以前在農場或工廠會需要許多作業上的勞動力。要求發揮個性的職場非常少數，反而多的是要求人們靜默如機械般工作。現在這類型的勞動，如字面意義般，不斷被機械所取代。機械是人類思考得出，為讓人們輕鬆，亦即為了人類自由而由人類所製作出來的。機械會取代人類勞動。雖有能源上的問題，但仍可以坦率評價為是非常棒的發明。有時雖還是有人會提出意見，否定過頭的機械化，但大致來說，是因為大家期望才得以實現的。

而且在充分被機械化的社會中，人類會從事著更具創意性的工作。例如唱歌、畫畫、構思出新創意等，這些事都是只有人才做得到的，會成為人們付出勞力的對象。現在與江戶時代比起來，接近於「遊戲」般的職種更多了，藝人與藝術家不就是最好的例子嗎？不生產與生活有直接必要關連的職業正在增加中，而且將來可能會增加得更多。

◇活出個性來

有年輕人們會以成為小說家作為目標，在他們寫給我的來信中，經常會寫有如下的問題：「該怎麼做才能展現出個性呢？」

就創作者（從事創作活動工作的人）來說，原創世界觀可以說幾乎就是一名作家的價值。擁有與其他人不同的東西，對工作來說非常有利，也有很多人會認為那就是被稱為「才能」這個能力的重要部分。

可是，該怎麼做才能增強那樣具個性的東西呢？是不是有什麼技巧呢？

我覺得，這個問題就和「該怎麼做才能獲得自由呢？」這個問題幾乎是一樣的，因為「活得有個性」非常近似於「自由生活」。若要用語言來定義，甚至會讓人覺得，兩者的差別只在於每人擁有的語感不同而已。

同樣地，我曾好幾次接受過有孩子的人來找我商量：「要養出有個性的孩子該怎麼做呢？」大概我不是個正規的教育者，所以才會收到這些來信吧。那麼到底該怎麼做才好呢？我完全不知道。我雖養了兩個孩子（雖然實際上幾乎都是我妻子在養育），但情況到底如何呢？我養出了有個性的孩子嗎？我沒怎麼驗證過。總之，只有一點可以確定，那就是我是個對孩子幾乎不怎麼關心的父親，我沒看過他們學校的聯絡簿，連他們大學考試的時候，我甚至都不知道他們在哪裡考。如今，兩個孩子都大學畢業成了社會人士，各自都在遙遠的一方生活著。雖然若是他們有困難我也有心想幫助，但從沒主動接近過他們，感覺上就像是很不常見面的親戚那樣。

✧不可能沒有個性

話題又跑遠了，但我確信，所有人都有自己的個性。以下的例子雖極端，但即便有完全典型又表現平均的日本人，那也是那個人的個性。

個性沒有強弱之分，也沒有善惡之分，本來就不會有「沒個性」這種狀態，會用到「個性化」這樣的表現，有可能是大家對之抱持著完全不一樣的想法。若用不一樣的話來說，應該就像是覺得「珍稀」那樣的吧。

要表現出個性，方法非常簡單，只要坦率行動，就直接會是一個人的個性。若是有不方便表現的情況，或許就只能稍微收斂一點、忍耐一下，因為若個性過於張揚，也會讓人無法理解。語言是共通的通訊方法，用這個方法傳播個人發出的訊息時，大致上都是處於收斂狀態，所以一般不會那麼令人介意。

自己的個性是可以像這樣受到節制的。可是基本上，即便是模仿他人的個性，或是逞強裝出不真實的個性，最後的結果都是會露出馬腳。個性是自然流露出來的，不論如何裝飾表面，不久後，周遭都會嗅出不一樣的味道。

因為把裝飾的表面錯認為是個性，所以才會有「該怎做才能將個性……」的發想。個性不是時尚或美妝，是「本質」。而要體現這個「本質」或許很難。

所謂的「坦率」，是隨自己的心情而行。雖有很多人在大排長龍，只要自己確認好資訊，像是自己想怎麼做？為什麼要排隊？隊伍前方真的是對自己來說有價值的東西嗎？坦率做出評價就好。坦率就是傾聽自己的聲音。

向周遭傳遞自己是怎麼想的這類資訊，也可以說是一種「坦率的」行動。不要勉強，要一邊取得平衡，一邊盡可能直白地發出訊息。要這麼做，首先就須要「坦率思考」。關於這點，我想試著在下章中深入探討。

若說得抽象些，就是要用對自己而言合理的原因去做判斷。別用周遭的評價、定論、傳聞、體面，以及常識等去做選擇。

比起不合理的常識，要採用非常識的合理。這就是通往自由之路。

第5章

來自自己的支配最麻煩

此前所說的，是奪去自由的支配主因在自己之外的部分。比起受到身邊的家人、親戚，以及周圍人際關係，甚至是到地域、社會還有國家、地球等級等各種支配束縛了個人的自由，其實更麻煩棘手的，是從自己內在所生出的支配。在不知不覺中，自己奪去了自己的自由。本章中將要講述的就是這點。

✧年老與好奇心

不論是人類還是動物，只要上了年紀，就會對新事物有所警戒，有時還會完全抗拒。年輕時，單只是聽見新奇罕見的事物就會飛奔而去，即便有些風險，好奇心仍會凌駕一切而靠近。「年輕」換句話說就是「冒險」，會對各種事物出手，想收歸己有。

這分好奇心的特徵，在動物中，尤其是在人類的身上非常能觀察到。這種年輕人的模樣，就老年人看來，會不禁想對他們做出訓誡。想忠告他們，反正最後無法順利進行，就別浪費時間精力了。因為隨著經驗的累積，就會變得能預測結果了；因為看過許多不順利的例子，所以能察覺到那分危險。

此外，隨著年齡增長，無法失敗的警戒心自然也變大了，會產生出不可以做「不自量力」的事，必須要更沉著冷靜嘗試的想法，周圍的人也很期待老人這種「權威」的功能。基本上來說，一般都傾向認為，愈是年輕愈是革新，愈是年長就愈是保守。

養狗時也能觀察到同樣的現象。幼犬對所有事都很感興趣，而且很友好，能接受自己以外的所有東西。幼犬擁有這樣的積極性、社交性，所以不會和其他犬隻吵架，能很快變朋友。幼犬釋放出來的味道，本就是很友好的，可是一旦變成成犬而冷靜沉著下來之後，就不會去嘗試新的事，所喜歡的東西已經幾乎都固定下來，只會去做同樣的事，也不會想要改變習慣。年歲增長後，出門遇到其他狗，也不會無條件地對對方表現友好。若是成犬，會警戒著彼此而靠近，有時還會互相吠叫，為什麼會變成這樣呢？這不簡直就和人類一樣嗎？

走在街上看到的老人，大家是否都一臉心緒不佳的模樣呢？孩童還比較會有笑臉。當然，若是長成了出色優秀的大人，也不會從頭到尾都嘿嘿地傻笑，那樣反而會被人認為是怪人。話說回來，日本人（尤其若是男性）或許認為冷靜沉著的大人理想模樣就是不常笑。武士不會微笑，高僧也不會表現出情緒來，似乎這樣才會被認為是好的，在茶道中是如此，劍道中也是如此，這似乎就是日本式「道」的極致模樣，但這些也都應該要考量到時代背景，被這些既定概念給束縛著的本身就是不自由的。

✧老人有餘裕

高齡化這件事已經說很久了。現今老人非常的多，已經到了六十歲都不能稱之為老人的地步，六十歲還可以說是很一般的年齡或只是介於中間的年齡。以前，老人也是很寶貴的勞動力，但隨著機械化，重勞動急劇地減少，擁有自由時間、能悠哉生活的老人增加了。試著仔細想想核心家庭化以及醫療方面的情況就會發現，雖然對於孩子的照顧沒什麼太大的改變，但圍繞著老人的環境，實際上卻發生了劇烈的改變。

一旦從公司退休，首先在時間上就能很有餘裕，而且與年輕人相比，老人在金錢上也比較寬裕。或許有人會反駁說：「才沒這回事！年金很少，要花的醫療費用也不少，很辛苦的。」但若與從現在才必須開始不斷準備、累積各項事物的年輕人相較，老人已經擁有了許多，很明顯處於優勢地位。

老人擁有的不是只有「物品」，還有經驗、知識，以及居住的場所、立場、朋友關係等等。單只是稍微思考一下要從零開始構築起這些東西，應該就不難想像那很辛苦。那些辛苦正等著年輕人去進行，老人反而是處於從這些辛苦中解放的階段。

聰明的老人應該除了有這些還會有金錢上的儲蓄。應該所有人都能簡單預測到，今後身體會變衰弱而難以工作，有很多人都像《伊索寓言》故事中的螞蟻那樣，會一點一滴地累積存款與保險。

那麼，如此積存下來的東西（經驗、知識、常識、信念），實際上最後卻會束縛住自己，我正是想寫出這些。雖然會讓人稍微感覺不舒服，但希望大家能忍耐著繼續讀下去。簡單來說，要點就是要冷靜、客觀地注視自己，這點很重要，希望大家能擁有像這樣改變視角來思考的柔軟性，這就是我的希望。

✧來自你內心的支配

自己的成見會在不知不覺中擁有能強力束縛住自己的支配力。

從周遭襲來的支配，像是物理環境，或是被稱為規則的機制，又或是人際關係，總之這些情狀很容易被看出，也容易感受到這些支配的存在。就直覺上來說，也會感受到因為那些東西而讓自己不自由；就情感上而言，則容易產生出反抗的能量。感受到「討厭」可以說是不自由計測器所發出的的訊號，而且可以成為應對的能量，這點非常好理解。可是一定要察覺到，其中可能藏有用美麗語言織就而成的親近支配，關於這點，前面已經寫過了，這在某種意義上來說，也是一種偽裝人們成見的手法，也有披著「常識」之名這個面具的。不過，常識中有九成本就是個人的自以為是，只是模模糊糊地反映、積聚在社會上。即便如此，這些也都還是來自外部的支配，是某人為了自己利益而企圖去榨取他人的結果。或許有人會想，這些想法是不是自己的被害妄想症？即便是會擔心或許是被害妄想症，我認為這樣的想法也沒什麼不好。總之，這樣想至少是比較安全的。

可是本章中所要提出的支配，來源並不一樣。是來自於更個人成見的支配。那個成見不存在於外部，而是潛藏在你心裡。這不是什麼奇怪的說法，你的行動是你大腦思考後的結果。大腦想著要去做，然而是什麼從內在成為了阻撓？這一定是有什麼原因所導致的，而這正是大腦搞的鬼。不論是讓人想做還是讓人自以為做不到的，都同樣是大腦。

◇因既定印象而排斥事物

成見大致來說可以分成兩種。一種平時也很常被指出，那就是針對自己深信討厭的事物所做出的不合理（或是盲目相信的）抗拒反應。我們經常可以觀察到一個現象，就是孩子絕對不吃自己討厭的東西。大家是否有過像是「就當被騙一次吃吃看吧」這樣被說服的經驗？可是或許是因為遭受過重大失敗，所以在過去就產生出了堅定的決心，絕對不想再靠近那些東西。用人際關係來說，這就類似「絕交」。

像是這種事，不僅是人類，在動物身上也能廣泛觀察到，是一種本能性自我防衛的方式。對於曾認知到是危險的事物，會注意不要再靠近第二次。這或許可以說是慎重這類的小心謹慎，但總之不是個傻子能做到的事。不過，人類至少是比動物還要聰明的，思考力與分析能力的程度都遠高於動物。慎重雖是再好不過，但過度固執的抗拒反應，未必能說是聰明的。

所有情況都會變化，環境會改變、自己身處的狀況會改變，而且自己也會成長、經常改變。即便是已經決定要討厭的對象與自己間的關係，也不會一直不變。因此，偶爾也要抱持著「要不要來試試看呢」的心態。只要實際去做了，不少時候都會覺得：「什麼啊，也沒什麼特別不好的嘛。」

很多時候，本來討厭的事物也會搖身一變成為喜歡，這樣的經驗應該所有人都有過，這時候也大多都會感受到「因為成見敬而遠之真是太虧了」。

◇貼標籤的危險

若嘗試過一次而覺得不行，或許會因為有初步的根據，所以覺得對此無可奈何。但實際上，有很多成見都是試都沒試過的。明明沒有經歷過，卻將其貼上了標籤。那時候起作用的，就只是單純的誤解，或是基於從遠處觀望做出些微觀察，進而得出的隨便印象，也可能只是從他人那裡聽到的傳聞或謠言一類，又或者是被某人所指出的缺點，有各式各樣的情況。

這世間有著無數的可能性，不可能全都自己嘗試過一遍。因此，若無法將自己接收到的資訊迅速貼好標籤做好整理，就無法沉著冷靜下來。如此做出分類，才能建構起安全的環境。就像鳥兒在樹上築巢一樣，收集起可用的東西，將那些東西圍在四周，人就在其中生活。因為資訊過多，所以總之就不會先去管「看起來討厭的東西」了。

就像這樣，「片面斷定」「成見」若從整理資訊、節約思考與記憶的容量這個意義上來說，或許是種合理的方式。

可是反過來說，因為頭腦的處理能力低，所以需要這樣的單純化。動物會出現這種傾向的原因，是因為大腦的處理能力比人類低，所以也是無可奈何的。可是若是人類，應該多少能柔軟些，不要片面斷定，用柔軟的對應方式明顯會比較有利。

之所以年歲愈是增長，成見就愈深刻，毫無疑問地是因為頭腦的退化。對於已經決定好的事，就不想老調重彈地再思考一次。簡而言之，就是漸漸變得覺得「思考很麻煩」。

可是，思考及行動正是生存的意義，除此之外再無其他，所以若說思考很麻煩、行動很麻煩，就會走到活著很麻煩的地步。現實就是，那些人會不斷變老，因為很早就接近於死亡狀態了。

並不是說這樣不好。世界上也是有人期望早點死的。若是本人對此有很強烈的欲望，那基本上全都是自由的。可若那是無意識下的做法，就很可惜了，所以最好是要能察覺到這點。

◇拾起靈感之旅

認為自己不適合某件事、不擅長某件事而完全排除掉那些事，會將自己的可能性侷限在某個框架中。那樣不是很不自由嗎？

我不是說要大家勉強去做確認，而是說，為了能不斷拓展視野，就要跳脫自己的觀點、站在更高的位置上觀望，最好能將所有可能性都當成自己未來的選項。

在認為做不到的類別中，或許其實正好會產生出有趣的東西來。這樣的例子很常見。別認定「那邊是看不見的」，偶爾試著張望一下也不算是浪費時間。

我在書店購入了許多雜誌。我買過各種類型的雜誌，也會去看平常完全沒注意的書架，閱讀書寫在封面上的文案。

以前在網路上流行過「網路漫遊」這個詞。透過點擊連結可以接觸到完全不一樣類型的資訊，我認為花些時間在這樣的冒險上是有價值的。那是張開天線，隨時在探索有趣事物的姿態。

之所以會這麼做是因為「好奇心」，外界還有許多未知的領域，想試著踏足其中。因為受到引誘，覺得說不定可以在完全不一樣的地方發現與自己現今所熱衷的事物相關連的啟示。這也可以稱之為是為了拾起靈感的旅行吧。

這簡直就像是在海邊看著漂流物散步的行為，完全可以說是獲得自由的技巧。好奇心是「自由」的一種非常大的效用。

◇不會有比夢想更美好的現實

我考大學時，最不擅長的科目就是國文，我最討厭國文課了。此外我還是個幾乎不讀書的孩子，雖然我會去圖書館找尋、閱讀有興趣領域的書，但像是小說一類則大多都不看。為了寫暑假作業感想文而讀指定圖書時，除了痛苦，再也沒有其他感想了，因此我一直對「小說」懷有虛構的不好印象。而如今想來，或許是因為我有閱讀障礙，所以才無法順暢閱讀文字，就連至今，我閱讀起文字來也是非常的緩慢（我書寫的速度幾乎與閱讀的速度一樣）。總之，我從孩提時代起就非常討厭國文，其次不行的是社會科，然後英文也很不擅長。

還能拿到不錯分數的就只有數學和物理，因此我必然會選擇就讀理組。

可是後來情況如何呢？我在將近四十歲的時候，無意中試著寫了一篇小說，結果成了書，很快地就變成了小說家，也成了現在的工作。我完全是理工人，在大學時做實驗，盡是在看著電腦畫面上的程序表或數據，這樣的人生突然大為轉變。為什麼會發生這樣的事呢？除了大家會覺得很神奇之外，我自己本身也很直率地感到吃驚：「也有這種事啊～」但有一點我可以說的就是，我一次也沒想過「自己是無法寫小說的」。不論有多不擅長國文（偏差值應該是在四十分以下），我還是認為，只要想寫就能寫，所以就試著寫了。或許這是相當「自滿」的，可是我確實有寫出來了，所以就不算是過度自信。

不論在什麼情況下，人都絕對不會朝向自己完全沒想到的方向前進。和人說話時，雖會謙虛的說：「唉呀，這真是想都沒想到的幸運呢。」或是「會變成這樣真是前所未料的。」但這樣的說法絕非正確的，一定有人是會夢想著有美好的結果前進。而對於該人來說，現實絕不會比夢想更美好，所以一定全都是在本人料想之內的。這也就是說，若是想要實現某件事，至少須要去夢想那件事，或是去預測成功的狀態。若是想要自由，就一定要從夢想著自由開始，自由是不可能在不知不覺中就到來的。

✧你為自己設限了嗎？

自己片面斷定、自認為討厭的東西、做不到的事，無法走出這層盾牌的狀態，不論是在個人的生活方式還是組織的做法上，都可以觀察到非常多，這是極為普遍的。因為太常發生了，很多時候不自覺就會成為漏網之魚。

可是，成功的人只要仔細打聽業績收入顯著的組織情況，在絕大多數情況下，都能從自己建構起來的盾牌中走出，成為前進至未涉足之地的轉機。盾牌從來都不是什麼制約，只是因為自己或組織內部做出了抵抗，所以任誰都無法從外部進行妨礙。

結果，束縛自由的許多實例都是「相信有著無法克服的困難」「深信有著限度」。

例如各位是不是有過因為是男人或因為是女人，所以自己做不到這種事的片面斷定呢？這就是將社會常識硬套在自己身上的結果。可是現實上，在現代的法律中，男女是平等的，很少因為性別而受到規範限制。還有，應該也沒有因為「還不行」「已經太晚了」這樣而放棄的吧？不會因為在意面子而覺得「都這把年紀了，事到如今已無法學習、仿效了」吧？真的是做不到嗎？是絕對不可能的嗎？還是連想都沒想就放棄了呢？

◇就算上了年紀也要進行挑戰

以下來舉出幾個不一樣的例子吧。

約是在五年前吧，我覺得換裝人偶很有趣，偶然看見的照片十分可愛。單只是看著就會笑出來，所以想試著買來擺在手邊。一個人偶要價高達一萬日圓以上，但我後來也買了許多個，我甚至還單純為了自己的喜好去訂製了人偶的制服。至今約有三十尊的人偶。

關於這點，一開始我太太是有些不快的。唉～的確，就常識來說，這或許不是一個四十多歲男子該有的興趣，至少似乎不應該是那樣的。可是無關乎出自誰的反對，只要試著思考一下就會知道，這也不是什麼特別可恥的事。從我起了頭之後，周遭的幾名男性也開始了相同的興趣，我認為這也是很了不起的「自由」。

工作是隨時都能轉換的，這件事由四十歲後才成為作家的我來說是很有說服力的。只要不被現今的職業所束縛，能自由發想就好。就算是年過五十，也有可能進入大學就讀，因為考試資格是沒有年齡上限的。

最近，將自己夢想寄託在孩子身上的雙親增加了。可是與其要讓孩子去做，自己去做不就好了？又或者是自己也一起去做做看？為什麼不是自己去做而是讓孩子去做呢？希望大家能多少思考一下其中的緣由。孩子的人生是孩子自己的，絕不是雙親的。當然，幫助他們是必要的，但自己應該要投資的不是孩子，反而是自己本身。三十多歲、四十多歲的年齡，不正是還能繼續投資、學用新事物的年齡嗎？所謂的「父母」，沒有必要淪落成是「養孩子的機器」。我認為，那才正是所謂的不自由。

◇演出「樂在其中」的狀態

有一個很笨的方法可以克服「討厭」這個成見的支配。

那就是將計就計地採用成見，說起來，這可以說是讓自己產生錯覺的作戰。

當然，若要說是胡說八道也的確是胡說八道，但也有些情況是無法從根本上解決的，或許那只是虛應一時的方法。但對小型的支配來說，反而很有效。

無論如何，重要的都是開心過日子。若眼前有著無法迴避的作業或人際關係，就要將其當作是快樂的事。因著這樣的想法，就能獲得自由。大家說，這方法不是蠢得好笑嗎？

不要一直想著那很討厭，試著稍微修正一下想法吧。試著想一下也多少有些好處、優點。要怎麼想是你的自由，而你的認知應該能隨著你的思考而轉變，因此只要自由地這樣暢想，就多少能扮演出處在開心狀態下的自己。一言以蔽之，就是「樂觀以對」，這樣解釋，多少會好聽些。有時，只要用這種程度的簡單思考就能克服難關。

盡是抱怨、發牢騷並不能解決任何事。把好的地方評價為好，將能對自己有益處的事物吸引到自己周遭來，這正是因為隨時想著自己是處在良好狀態下才能辦到的。這雖是心情上的問題，但結果往往都是被心情所左右的，這也是人的特性。

最是欺騙自我的方法，說到底就是敷衍一時。雖然對於最近的事可以樂觀看待，但關於將來，應該要經常設想最糟的情況，並想好應對的方法。做好充分準備，才能一點一滴將石牆砌起來。要打造自己的自由，就基本上來說，保持慎重的心態是必須的。

◇來自喜好的支配

接下來要寫一寫關於相反的支配，那就是來自於自己深信「喜歡」的支配。比起「討厭」的支配，來自「喜歡」的支配一般來說會更難看出，幾乎所有人都不會留意到。

有時，一旦非常喜歡上某些東西，心情上就會覺得是一輩子都離不開了。會想像著自己不「花心」，一心一意傾注愛意的未來。很多時候，人們都說像這樣充滿愛的模樣很美，所以所有人都很嚮往，自己也很直率地就能接受。然而有時，有些情況也是很過頭的。「喜歡的東西就一定要一直喜歡下去。若非如此，就不是真正的愛」這樣把愛當作是原動力。這樣是「討厭的東西就會一直討厭下去」的相反，但只要想一下人跟環境都會變化的這個條件，就會知道，一般來說，這果然是無法成立的命題。雖然不是說這是完全不可能的，但可以思考一下特殊的情況。

若是不改變方針，不論最初的意向有多革新，終有一天會變得保守。構築完成的東西愈多，愈會有「要是在這裡放棄，至今的辛苦就會放水流了」這樣強迫性的觀念萌芽，並受到不安所苛責。當然，若是處在真正喜歡的範圍內還算好。可是仔細回顧，勉強緊抓不放手的情況並不算少見。旁人看了這情況，經常都忍不住會想要給出忠告：「是不是可以再想得自由些呢？」

◇長久持續下去的竅門

只要觀察年幼的孩子就會發現，他們感興趣的對象會陸續有所改變，本來還以為他們在玩某些玩具，卻是一下就玩膩了，接著又會熱衷於其他事情上，逐漸將目光轉往他處，感覺很是忙碌。這該說是坦率的好奇心呢？還是很直率地面對自己的好奇心呢？我覺得這都是在體現真正的「自由」。

可是大人卻會教訓那樣的孩子，像是「又在做其他事了？」「之前做的事如何了？」「才買給你的，就不玩了？」「做什麼事都是三分鐘熱度。」「再稍微穩定一點，仔細地一個個去做吧。」如何？大家是不是有被這麼說過？

其實我以前就是這種容易覺得膩的小孩，不論是父母還是老師，總是會一直這樣說我，因此我也會對自己說同樣的話。我稍微下了點功夫，引導自己多少能長久持續做一件事下去，若能從頭到尾不嫌煩地完成一件事，我就會想褒獎自己，不是讚美完成的事項，而是沒有厭煩的自己。我的性格基本上就是這樣動不動就會厭煩，至今仍然沒有改變。

大部分的情況下，開始挑戰新事物的時候是最有趣的，最開始的一步是最令人興奮的。當然，這個階段也有很多辛苦與危險，失敗應該也會很多。熟練到某種程度後，不耗費太多心力也能完成、技術提升、失敗也變少了，能隨心所欲做到的時候，就會讓人感受到真正的「自由了」。但是不知為何，此時卻會懷念初學時的辛苦與失敗，心中會一直有著想讚美那時自己的想法。

◇參照人生設計來判斷

隨著目光不斷被吸引走，一一將手伸向不一樣的事物後，終會陷入一個無法達成滿足的事態中吧。日本自古就有種說法是：「有一技之長」是人的理想，這裡指的是「窮究學問」的意思。也就是說，受到好奇心的誘惑而自由東張西望時，不論走上哪條道路都會半途而廢，無法深入。這樣的狀態會被揶揄成是「過度貪心兩頭空」，或是「樣樣通樣樣鬆」。的確，我們無法否定可能會有這一面。

但即便如此，勉強拘泥在一條路上，依舊是在束縛著自己。此時，只要把持續下去能獲得的東西，與轉往別條道路後能獲得的東西放在天秤的兩端衡量就好。這時候應該要觀察自我，選擇出關於自己人生的計畫，而非聽信他人如何評價。說到底，最終人都是自由的。若是追求快樂的人生，只要選擇快樂的方式就好；若是追求滿足的人生，只要選擇能滿足的道路就好。我認為，依照、配合著人生的設計來做出判斷，才是最好的。當然，其中對於自己的人生來說，在某種程度上一定會有個方針，不過別想得太難，方針什麼的隨時都可以改變。而這，也是一種自由。

◇不要收藏的原因

我有個習慣是會去收集自己喜歡的東西，並擺飾在自己的周遭。因此，我的身邊塞滿了一堆我喜歡的東西。我特別喜歡玩具類。即便長大成人，我還是會玩玩具。因為我的房間裡充斥著大量的玩具，看到的人都會說我房間簡直像是「玩具箱」，東西都散亂著沒收拾，從盒子內把東西拿出來後就直接把盒子丟了，處於全都拿出來放著不管的狀態。我很喜歡這樣的狀態。想就這樣看著這些散亂的物品。我並不覺得收納乾淨、完全收拾整潔的房間有什麼魅力。

大部分人看到這樣的我之後，都會視我為收藏家，常常都會以「森博嗣的收藏品」這樣的表現書寫出來，可是我完全不認為自己是個收藏家。所謂的收藏，就是在某個類型中設置出某種束縛，然後在那個集合中做出收集品項的行為。我雖三不五時會買自己喜歡的東西，但卻沒有「受到如此這般的束縛而收集」的共通點。因為這個原因，所以我不是在「收藏」物品。

人會憧憬於自己所欠缺的東西，因此我也的確憧憬於收藏家「死心眼的愛」。所以老實說，我的確有過「我也想來嘗試收集物品」的想法。年輕時，我曾經挑戰過幾次，可是卻進行得不順利，我立刻就深切感受到自己做不到。因為一旦開始收集，雖一開始會收集到喜歡的東西，但漸漸地就會變成連自己沒那麼喜歡的東西也要拿到手。若沒獲得，就無法完成（圓滿）收藏，收藏品也會不完整。為了完成收藏而去購買不喜歡的東西，這種行為我做不到。非得去做不想做的事，這樣很明顯就是「支配」。

若是完整了，確實是能向他人炫耀一番。或許大家還會稱讚自己。可是我只是買了自己喜歡的東西。沒理由去做除此以外的事吧？察覺到這件事後，就能坦率地只去求取自己想要的東西了。因為喜歡的東西很紛雜，所以無法用「收集這些」來表現。可是在「自己喜歡的東西」，或是「曾經喜歡過的東西」這個共通點上，完全是同一類型的，所以若是用自己的眼光去看，完全有著統一性，能感受到那分協調的美感。不過會這麼看的只有我，對其他人（例如太太）來說，看起來似乎就只會是亂七八糟、散落一地的雜物。即便如此，到了最近，太太終於不會再對我說「收拾一下吧」，她好像多少能理解一點「自由的收集」了。

✧擁有純粹的感性

雖然前面那麼說了，但處於被自己喜好所支配狀態下的缺點，或許還是很難懂吧。例如被支配的本人因為覺得喜歡，所以並不會覺得痛苦，也沒有感覺到有什麼損失，情況若是如此就沒有問題。沒錯，若是一般人，或許這樣是好的。可是因為這樣而遭受損失也是確實的事。我至今就有見過好幾個例子。

例如創作者若不能自由發想，就無法生出好的作品。只是單方面想著「自己喜歡這個」，規模就會變小，又或是看錯需求，不論是何者，在客觀的評價觀點上來看都是汙點，會導致負面的結果。實際上，有時也會影響到工作。

愈是一流的創作者，就愈是會隨時磨利自己的刀刃。這是為了保持一流技術的努力。隨時質疑自己所構築起來的東西，即便是來自粉絲的讚美（又或者說正是因為有讚美），也要去拆毀它。透過不斷挑戰新事物，最後就會獲得長久的支持，這也可以說是自由的感性的一個好例子。

即便不是創作者，接觸到藝術相關工作的人也意外的多，像是有銷售的人、工作人員、以講評為工作的人等。對這些人來說，最重要的就是擁有直接看穿好作品、新作品、優秀作品的眼光。

為此，不論喜好，都要先捨去各種先入為主的觀念，透過透明的鏡頭去看事物，這點很重要。這就是在自己心中所有的純粹感性，會要求對任何事物都要像是第一次接觸般去接受，就連片面的喜歡，都可能會成為阻礙。一言以蔽之，就是「不能拘泥於任何事物上」。

✧關於拘泥

話說回來，「拘泥」這個詞給人很不好的印象。那是因為在這時候，大多不會把它用在好的意思上。「糟糕」也是如此，但若用在相反的意思上，就會因為新鮮而流行。之所以會拘泥在某件事物上，也就是陷於被某種事物支配著的不自由狀況中的證據。

我被問到座右銘是什麼的時候，都會回答是：「不拘泥於任何事物。」此時多會被問道：「那是誰說過的名言？」我都會回答：「是森博嗣說的。」結果又會被問道：「若要不拘泥於任何事物，該怎麼做才好呢？」這問題真是麻煩啊。所以雖然有點壞心眼，但我會說：

「若要不拘泥於任何事物，就要拘泥於不拘泥於任何事物這個方針。所以為了不拘泥於任何事物，偶爾稍微拘泥於某件事物會比較好。」唉～希望大家能把這當成笑話看待。

◇打磨自由

二〇〇八年的夏天，押井守導演所拍攝的《空中殺手》（スカイ・クロラ）

動畫電影上映了，這部電影的原作是我的小說。那時候，一部分的森博嗣迷慨嘆著小說與電影內容有些不一樣。他們說：「原作和這裡不一樣。」「為什麼要改動呢？」其中還有「沒有表現出世界觀來」這樣的意見，但，世界觀是什麼呢……？

哎呀，也是有這種看法呢。可是，原作者森博嗣覺得押井守的新片很棒，在看電影時，腦中完全沒想到原作。因為我不是為了調查電影與小說的一致性而來觀看的。話說回來，電影也不是因為這個目的而拍攝的，這是押井守的作品，若其中有所謂的「世界觀」，當然也是押井守的世界觀。這是部感性滲透到了細節裡的作品，而且是此前押井守作品中所沒有的新穎風格（這是我有偏見的證據）。看完電影後，我想起：「啊~這麼說來，森博嗣是原作者啊。」要說身為原作者所能給出的評語就是這種程度而已。看電影時，電影就是一切，我就是這樣去看電影的。直率地去接觸眼前的作品，用自己的感性去做出評價。

即便如此，我應該也是有受到過去押守井作品的影響而有所「期待」，內心多少會做出些預測。雖然在看的時候忘記了，但一開始的時候，腦中曾閃現過這樣的想法，可以說是沒能專心致志而出現的看法。就像這樣，因為經驗的累積，就會不斷採用無聊的看法來看。這也可以說是已經變成老人的感受性的證據。

此前的作品如何？沒看過原作的人看過電影後是怎麼想的？這些事應該都和作品的評價無關吧，自己如今從這作品中感受到什麼才是本來的價值。說著「與原作不一樣」的人，是否非常喜歡森博嗣的作品呢？可是，因為喜歡，明顯地就會限縮了自己的視野，我認為那就是感性鈍化的老化狀態。用純白的心去感受到的率真感性，必須要努力才能維持下去。就像這樣，所謂的自由，無法只是放著不理就能成立，必須要經常打磨。禪僧坐禪、祈求的東西，就和這相同，是名為「無心」的自由。

◇不被現今自己囚禁住的視角

當然，人是無法完全變得無心的。一位人類的記憶無法被抹滅，忘記自己已經知道的事物，只感受現今所吸收的新事物是不可能的。然而至少應該要努力那樣做，若不那樣做，最後就會變成「老人家」。不，大家不論如何掙扎最後都會變成老人家，那是不可避免的，即便如此，仍然有抵抗的價值。

所謂的「活著」，最終就是對「死」的抵抗。若是隨波逐流，就不能說是「正活著」。

若是成為了腦袋僵硬、覺得這世上已經沒有有趣事物的人，那感性就完全死亡了。若是放棄了自由，生物自然會回復到單純物體的狀態，亦即死亡。

或許有人會覺得無法做到那樣的努力，但請試著回想起童心、年輕時的自己，就會擁有活下去的活力。單純因為感受就莫名的欣喜。相信死亡與自己無緣。像是這樣的心情應該任誰都曾有過。雖然回不去了，卻能回憶起來。試著變回那樣年輕的心情去接觸所有事吧。習慣了就沒什麼了。

人類至少要能控制自己的情緒，用簡單易懂的話來說，就像是能判斷「因為～而想要」「因為～而覺得」這樣的情況。一旦養成了這樣的習慣，自然就能擁有客觀的視角，不會被現今的自己所侷限。而這正是對創作工作來說最強而有力的武器，也是「磨銳刀刃」的意思。

此外，在一般生活中，也能在無意識中察覺到對方的心情。連自己在說話時，也能自然描繪出對方是如何聆聽的，變得能看清人的心理。應該也有人會認為「那不過是單純的想像吧？」沒錯，正是如此，一切都是想像。而這分想像正是人類的基本能力，是各種活動的基礎。若無法想像，可以說就不是人了。

不論活著還是自由，全都是想像的產物。

◇讓大腦自由

也就是說，我想強調自由想像的重要，這就是這本書的結論。這種情況下的「自由想像」，意思是「不受限於自己經驗的自在想像」。我經常會做夢，但有很多夢都是完全脫離現實的，宛如電影一般。我的夢都是像這樣的。很少會夢到每天的生活，或是出現日常會碰到的周遭人們的夢。也會有只出現在夢中的架空「朋友」。

各位是否曾體驗過人類想像力的厲害？做夢這件事就讓我感到很吃驚，覺得「我還真是會想像這些事啊」。這到底是誰想出來的呢？沒錯，那全都是從自己大腦中產生出的資訊。

持續好幾個小時或好幾天一直思考同一個問題，對一個過著普通生活的人來說是不太可能的。可是偶爾，若是一個小時，也是有可能會處在那樣的狀態下。就像是旅行前往初次踏足的土地時，就能夠轉換心情。

我每天從事的工作就是要一個勁兒的持續思考，因為有這個習慣，自然地就能投入進想像中。這不是能力的問題，我認為是出自於習慣。

人的想像力真的很棒。只要讓大腦「自由」，想像就會開始了。希望大家能思考讓大腦自由運轉有多重要，又是多能豐富人。也希望大家想像一下，這樣的結果，又能對社會做出怎麼樣的貢獻呢？

◇自由的樣貌

在把話題拉回來之前，我想再多寫一些有關這方面的事情。我寫文章時，形式上一般多是寫得如條理分明的論文般。我在工作上，寫了將近有一千篇的學術論文，因此對於這樣的形式早已習以為常。

然而，從大腦流出的發想，卻完全不是條理分明的。常會突然想到完全無關的東西，或是從理論到結論的過程非常跳躍（而且若試著確實追溯回去，又是有邏輯性的），所以我覺得人的思考真的非常自由。

無論如何，在鍵盤上活動手指就會在螢幕畫面上顯現出一篇文章。文字會排成一行，但思考卻並不單一，不是一行，而是數行並列，同時進行。因為如此，把想的事情寫成文章的作業，本來是不太可能的，是真的很困難。

這一點與說話的行為也可以說是相同的。邊書寫、說話邊思考，思考就會變得很有邏輯，雖有這樣一個優點，但反過來說，因為思考會變成一行，所以最好要注意到，那會很明顯地減弱了威力。思考被傳達方式給制約，可以說就是不自由的證據。就某種程度上來說是很無可奈何的，所以最好要有所自覺。

建立順序、用規矩的形式進行有邏輯的說明雖也很重要，但這本書是在書寫「自由」，所以希望大家能稍微品味一下自由。

因為整齊排列成一行，就會有遺失的資訊。在書寫論文時經常就會感受到「那真是太可惜了啊」。我在與人說話時，會突然說起靈光乍現的事，對方會奇怪地認為：「是在說什麼？」結果人們就會認為我是「沒在聽人說話的人」而感到不快。但事實上，我從年輕時起就經常被人這麼說了。

但是有些事只能用自由的形式來表達，現在我也有著無法條理分明一一舉出的思考。我並非沒有在聽對方說話，就算說話離題，我也沒忘記本來的話題，不過是不斷拓廣、展開了主題而已。

◇電影《空中殺手》

要是話題扯得太多，不論是聽的人還是讀的人，應該都無法在心中「接受」那些。所以我們把話題拉回來吧。

我覺得，押井守導演的電影《空中殺手》是押井守最棒的作品。押井守果然是一流的創作者。他不會被自己以往的框架所侷限，不會因為粉絲的評價而心滿意足地持續待在固定的盾牌後，就如「破繭而出」這句話所說，他是更大地往外擴展開來。可以說，這是天才創作者有多自由的範本。而粉絲們受到那自由吸引的同時，有時也會跟不上他們的腳步。一旦受到侷限，人就會停在那裡，所以相比起創作者，接收方的人會比較保守，有時還會覺得怎麼看都是「以前的作品比較好」。有這類懷舊粉絲存在的本身，有時也是讓創作者持續前進、壯大起來的證據。

對沉浸在動畫的粉絲中來說，他們對過去押井作品的「形式」有著強烈的印象。或者是會出現又難又長的台詞，又或者是會採用熟練的聲優等這種手法的「形式」。就像這樣，所謂的「形式」，外表看起來很好理解，作為記號使用也很容易傳達。不限於藝術，不論是在武道還是茶道，能看見的人類各種行為都是「形式」。

不過那絕非本質。形式並沒有價值，裝填在其中的「心」才是內容。對初學者而言總之就是只能先模仿形式並捕捉自己的心，那就是「道」。若總是被容易看見的外在、與人說話時所使用的語言「形式」所拘泥，就無法前進，也無法掌握住「心」。一旦拘泥於「形式」，傳統就會變成空殼子而被廢棄。

在《空中殺手》中，押井導演起用的配音員是一般演員，而非聲優。這和電影的設定也很一致，至少我覺得很棒、很好。我之所以這樣認為，是因為我總覺得最近動畫的聲音好像會故意配得像歌舞伎的台詞一樣，讓人聽得很不自然。我想著，動畫是否也變成了傳統藝能呢？可是動畫迷中有很多人拘泥於那個傳統的「形式」。對於武斷地認定「押井作品起用了聲優，所以才好」的人來說，或許沒辦法看到這部作品的嶄新與押井守的自由度。若是被自己喜好所支配了，感性就有籠罩上陰影的危險，之所以會這麼說，正是因為前述的原因（終於把話題拉回來了）。

◇小說《天使心》

一年後的二〇〇九年夏天，這回輪到了我來發布基於某原作創作的作品。

我把漫畫家萩尾望都老師的名作《天使心》（トーマの心臟）小說化了。我本來就是萩尾老師的狂熱粉絲，能寫這部作品本身就感到很幸福了。同時我的目標只有一個，就是讓萩尾老師讀到，如果能獲得老師的認可，那就夠了。那或許就像是我寄出了慕名信，也獲得了回信那種感覺。當然也是有商業的一面（不論是對我還是對萩尾老師來說），所以才出版了這部作品，讀者所支付金額的一部分，會做為版稅給我與萩尾老師。因為是這樣的工作，我認識到接續在剛才所寫的第一目標之後的第二目標，就是做為商品的價值（一般應該是以這個為第一目標）。發行時，針對編輯部告知的首印量，我說：「應該不會那麼賣喔。」但卻意外地暢銷，才發行一週不到，就決定再刷，之後也不斷再版。我也收到了許多來自粉絲的信，讓我感到非常的高興（比起我自己的書來得高興多了）。

當然，和《空中殺手》那時一樣，也是有崇拜原作的粉絲。這次，立場轉換了，所以是非常有趣的經驗。深愛原作到不可自拔的人說：「希望不要破壞我們心中的印象。」我非常了解那分心情，畢竟，我也是深愛萩尾作品到不可自拔的其中一人。因此，我一點都沒有想過，只有像森博嗣那樣的人才寫得出能超越原作的作品，而且也認為，不論如何書寫，都不可能重現原作的一切。即便如此，我最終還是接受了這分工作的原因，就是因為我有那分「自由」。

例如，除我之外的人若將《天使心》寫成了小說，我一定會羨慕得不得了吧，或許會湧現出近似於嫉妒的情緒。但是，就算是這樣，我也一定會去讀那本小說，因為我有那分自由，此外，也有接受的自由。若是這樣，我想，在那之前，我應該也有書寫的自由。若能讓萩尾老師讀到並獲得認可，那就沒有什麼其他的阻礙了。我雖被萩尾的作品給支配著（明顯是開心的支配），但卻沒有除此之外的支配。若有，也是來自我自己的支配，因為喜歡，所以認定「不可以做」「無論如何也做不到」。因此透過書寫，我能感受到極大的自由，能寫出那本小說真是太好了。

來自自己喜好的支配，實在是非常的棘手，這點大家能理解了嗎？

◇不要迅速變老

自己喜歡某些東西，曾經非常喜歡，但是不須要從現在起一直到死都非得喜歡著不可。此外，就算一直喜歡著，也不可以因著那分「喜歡」，而「挑食」捨去除此之外的其他事物。

「喜歡」以外的東西全都是「討厭」，這種理論本來就不成立，不論對任何事物，都要排除先入為主的觀念，以自由的心態去接觸，或是直接去感受，這點很重要。

人類愈是受拘束，格局就愈小，視野也會變狹隘。不要那樣做，以免片面斷定了自我。

「厭惡主張」的傾向時常會在年輕人身上看到，像是「那件事我做不到」「我只有這部分無法接受」等。本來孩子應該會有好奇心，有著坦率的感性，會把目光放在各種事物上，但不知道為什麼，年輕人卻反而容易做出受限的言行舉止？我能想到的理由是：「年輕人透過模仿老年人，想早點變成成熟的大人，或是被認可為成年人。」年紀愈大，就愈容易一臉挑剔的說：「因為很無聊，不要那樣做。」就孩子看來，所謂的大人就是會說出「那樣不行」「那樣很危險」這類否定面向的象徵。因此年輕人透過能及早看出並提出對自己有危險的事物，以顯露出自己擁有「豐富的經驗」。那模樣，就是他們在無意識中主張自己已經是能獨當一面的大人了。

我認為，那不就是自己主動在往老年前進嗎？我希望年輕人能更重視自己本來就擁有的自由。反正上了年歲後，就會非自願地因各種責任而變得不自由。

◇名為自由的武器

那麼，我再稍微來寫一點關於自己的事吧。這些內容我本來是想寫在後記的，因為似乎也有人只會在書店中翻閱後記，若是這樣，那我的後記會變得有點引人注目，感覺很不好意思，所以就讓我塞在這裡吧。

說起最近的我，因為能靠小說賺到足夠的金錢，所以除了能養家，還能去做自己喜歡的事，無限地除去了物理上的障礙。雖說是累積了資產，但我對於奢華的生活完全不在意，幸好，我太太也是一樣的。我完全沒有受到像是「只要有錢就能擁有一堆東西」的支配，因此我依舊是自由地去做自己喜歡的東西。

話說回來，我也是為此而寫的小說。因為是當作工作（為了賺錢）來書寫，所以本來就不是自己主動想寫的。因此在一開始，我的目標就是寫出讀者所需要的作品。這麼一來，讀者應該也會感到高興吧？這麼一來就能廣泛傳閱吧？我是特地設計了這樣的產品的。因為已經獲得了一輩子生活所需的資金，所以最近的作品多不是應讀者需求所寫的，可以說是根據我的喜好而寫。

若要再多說明些，就是不須要設想要給廣泛的讀者層讀來書寫作品，所以能以本來自己志向創作的比例增加了。這很明顯就是身為作家的我獲得了自由，也就是說，我在心情上覺得寫的作品不是「一定要大賣」「首要目標是讓多數讀者喜歡」，而是「只要有想讀的人就好」「若多少有期待的人就寫」。

的確，有很多人評價我「森博嗣初期的作品很有趣」，那是因為我初期就是瞄準了那樣的有趣去寫的。說得不好些，有很多人都是這麼上當的。但就算是用受騙這樣的表現，也不算錯。就算是魔術，也是騙術，而且所謂的娛樂也大多都是引人受騙上當的東西。

簡而言之，森博嗣是一個年近四十歲才開始寫小說的國家公務員。既不是為生計寫小說，也不是從年輕起就一直以小說家為志願、有藝術家氣質、持續書寫的文人。畢竟此前我也不曾為了興趣而寫小說。連文學青年什麼的經歷也完全沒有。與一般以小說家為志願的人相比，可以說一開始就擁有了「自由」。

這分自由正是我最大的武器。我絲毫沒想過要一擊中的，不須要瞄準中頭彩。最重要的是，我認為一般來說是須要寫出至今沒有的內容，要選用踏實的方法來做為商機，那便是我之前寫過的「窄門」發想。世上的一切，都淨是些定型且符合讀者期待的東西，我則著眼於超出讀者期待之外的。雖也有其他負面的發想，但森博嗣能擠進這個業界的原因，除此之外再無其他。

◇期望落空

說起來，與期望不符，我認為就是體會到自由。與期望不符的時候，許多人或許都會否定道：「這什麼啊……？真是讓人期望落空了。」但是一部分的人則會坦率地驚訝道：「啊！也是有這種情況啊！」從自己所受到的無意識支配中解放，能讓人在一瞬間體驗到輕飄飄的無重力感。這點因人而異，有些人會覺得是「期待落空」，但對別人來說或許是「恍然大悟」。那會因那個人的感性對自由有多大的接受度而產生出其中的差異。基本上，能感受到自由的人是想感受到自由的人，而感覺不到自由的人，則是恐懼自由的人。

其實，搞笑哏也和這個「期待落空」是完全相同的機制。落語的「落下」*

也完全就是這樣。插科打諢本來是莫可奈何的「期望落空」，有所期待與突然出現的落空，這樣的落差感會帶給觀看方一種解放感，所以才會引人發笑。透過打破形式，誕生出新的笑點，會對那些皺眉說著「無聊」的，大概只有老年人吧。愈是自由的人愈會笑。因為在感性中能有餘力接受那些，才能笑得出來。

只要在某種程度上做為作家持續活動，就會有粉絲。多聽粉絲的聲音很重要，但不可以受其支配。畢竟，不大可能會有一億名的粉絲，還是會有很多不知道我作品的人，所以我的目標是遇見新的讀者，希望能隨時帶著開拓的精神，不忘自由的心情。

在創作的「創」這個字中，就已經有了傷害、破壞的意思。正因為進行了破壞，才能有新的作品。那分自由，就是創作的基本。

---

*註：落下，指落語在結尾處以「情理之中」的形式突然停止。

✧獲得自由的方法

上述從電影到小說的內容，無法說方向性很一般化。所以在這邊，我要來寫些稍微常見、切身的話題，像是所有人都能做到的「獲得自由的方法」。當然，這不是具體且簡單的技巧，這點我之前就寫過了。每個人的道路都各有不同。我只能寫會成為線索的事項，雖然無論如何都難免會很抽象，但希望大家可以因應各自的條件去做應用。

✧一點一滴前進

首先要來說一下從我經驗來說最基本的……要獲得自由，我認為，最有效的作戰就是每天一點一滴的前進。不論是多高的山，只要一步一步往上爬，總有一天能抵達山頂。因為能看見目的地，目標就訂為不休息，做今天能做到的事，隨時去探索，還有什麼能做到的嗎？然後不要勉強，花點時間，一點一滴地前進，這麼做是最輕鬆的。

我年輕的時候，是會一口氣專注精神收拾整理的人，可是從某時起，我感到那樣做，最後並無法超越肉體的界限。之後，隨著年歲漸增，體力也愈是衰微。要實現更棒的事、超過現今的事，只有兩個方法。那就是花些時間緩慢前進，或是獲得他人的援助，結合眾人的勞力前進，只有這兩個方法了，而我選擇了前者。但也是因為我的工作剛好屬於能這麼做的領域，與社會上一般工作相比，研究工作的時間限制沒有那麼緊。可是有很多工作的情況都不是這樣的，安排在社會中的作業，從一開始就被分割成很多塊，這麼一來，就必須決定好時程表、配合他人的步調。在這樣的分類中，愈是想超越個人的能力，愈是得結合眾人之力，這可以說是為了掌握更大自由而必須接受的小支配吧。

可是，當在自己週遭構築自己的人生，終究只會有自己一個工作人員。若自己怠惰了，就不會前進，情況也不會在自己休息的時候好轉，若今天不做，明天就會變得更辛苦。若現今一直在玩耍，將來一定會變得不自由。像這樣的預測，只要是人，應該都做得到（動物也多少做得到）。接受自己決定好要做的基本工作量，是為了獲得更大的自由所不可欠缺的，比起受到他人的支配好多了，而且應該也會比較輕鬆。在不勉強的範圍內，一步一步，確實地一點一滴往前進。

◇只要不放棄，就不會遭遇挫折

我經常說：「只要真心想要，任何夢想都會實現。」雖然應該有很多人都會蹙眉說：「哪有那麼好的事。」但這句話的真意是，至少「沒有期望的夢想不會實現」。在大多數情況下，實現夢想很困難，而之所以會品味到所謂的「挫折」，都是在本人覺得「已經不行了」而放棄的瞬間。只要本人不放棄，即便是接近極盡不可能的夢想，也不會碰上挫折。可以說，那樣的狀態就像是：道路雖然狹隘，卻仍相連著。

話說回來，只是期望是沒什麼用的，把「真想要呢」說出口並沒有「真正期望」的意思。若是真的想要，自然就會去思考，該怎麼做才能獲得呢？這麼一來就會浮現各式各樣的方法，例如會有什麼阻礙呢？會有什麼困難呢？反覆思考像是該強化什麼樣的選項？會犧牲掉什麼？一開始應該要攻略那個部分呢？

只要每天都想著這些，就一定會前進，最後終有一天會實現夢想。即便擔心著自己多少有些勉強，仍會出現有意料之外的機會。為了不放過這樣的機會，就一定要經常追求目標。正因為訂立了作戰，知道該防守那裡比較好，機會才會到來。正因為經常凝神細看，才不會錯失了機會。

✧妥協與迂迴都不是撤退

我不是要大家別怕挫折，或是絕對不要放棄。有時，盡早放棄，修正前進的方向會是比較好的。知道最一開始主張的目標無論如何都不可能實現時，就要好好思考，做出修正。這也是能做出選擇的一條道路。如此就能思考，本質是什麼？為了本質能捨去些什麼？

說起「妥協」，聽起來似乎不好聽，但至少不是「撤退」。只要想到重要的是實現夢想，就也應該要採取「迂迴」這個戰略。這時候不須要被「目標」這個過去的自我決心束縛。自己一直都是自由的，不須要去在意別人說自己「搖擺不定」「優柔寡斷」之類的（很多時候，那都只是單純的想像）。反而經常都是因為受到他人搖擺不定、優柔寡斷這類評價所左右，導致無法達成目標，處於進退不得的狀態。

支配就某種意義上來說是種輕鬆的狀況，可以成為一種輕鬆的狀況。我前面已經寫過了，人類的習性就是這樣。反過來利用這個習性，被自己訂立的計畫所支配，每天完成基本的工作量，反而就沒了痛苦。有時回過神來，會開心地發現「啊！已經前進這麼多啦！」會覺得前進很愉快。或許還會對怠惰的自己能做到這件事而感到開心不已。

人類本來就很懶惰，而且還有著弱小、不擅長持續下去的缺點。這樣的人類之所以能完成偉業，全都是不斷累積小小的前進、點滴努力的結果。遠瞻未來的卓越計畫是不可或缺的，最重要的是想要去實行的決心，以及開始踏出那最初一步的勇氣。但是在那之後持續的「每天定額工作量」就沒有那麼重要了。雖然我似乎多次強調了那很「辛苦」，但這樣的事，幾乎所有人都能做到。每天的辛勞，一般就稱為「工作」。而許許多多的「職種」，也就是工作的「職務性質」，是將大目標分割成小塊，以讓個人都能「輕鬆做到」。

被分配到的定額勞動，似乎不會讓人銘感五內。所以若從一般的感覺來看，工作或勞動會是不愉快的。可是能看見目的，由自己計劃出工作量並一步步往前邁進的感覺是很令人開心的，這種感覺只要試著去做，一定能親身體驗到，單是這樣就十分快樂了。即便沒有達成目標，每天也能獲得充實感，我認為這件事本身就已經是「自由」。

✧自我欺騙

學生時代，我會在考試前一天熬夜一整個晚上念書。我非常討厭念書，所以平常除了寫功課，幾乎可以說是完全都不學習。到了要考試時，才會想著好歹也要拿個好看點的分數，那就是被考試所支配的狀態。雖然心不甘情不願的念了書，但因為時間只限定在到明天為止，所以期間就只能做自己能做到的事。首先，我會訂立時間表，像是在幾點前要背到哪裡、要念完課本的哪裡等，一邊整理檢查，一邊往前邁進。結果就慢慢縮短了與目標間的距離，像是「這樣就完成了兩成」「到這裡就有三分之一了」，我會像這樣來操控自己，這樣的做法也是基於「被支配比較輕鬆」的想法。別去想多餘的事，偶爾也可以讓自己像機械般工作。結束時，莫名的就會有種解放感，感覺還不賴。

就像這樣，只要決定好基本的工作量，同時又能比時程表更快完成基本工作量時，就會稍微感受到一點「寬裕」。那分寬裕，可以想成是像存款一樣，這樣一來，就不會有受到支配的痛苦了。我們應該計算好這些，然後重新設定不會勉強自己就能達成的基本工作量。不可以勉強自己去工作，應該要處理得能擁有餘裕，且能稍微獲得點喜悅感。這方法簡直就像是在鼓勵欺騙自己一樣。

說起欺騙，欺騙自己有時會是一個不錯的技巧。欺騙聽起來不是很好，但總之感覺就像是「自以為」又或是「重新認識」這樣。我經常會對自己使用的技巧是「將下限當成上限」。這可以使用在自己定下的時程表上，別將某個目標數值想成是一定要做到最低限度的「下限」，而要想成是一定要做到這裡為止的「上限」。大家是否能理解這概念呢？

例如決定好的基本工作量是「每天要寫一萬字」，一萬字這個限制的意思就是必須完成的「下限」，但是我卻認為這是「上限」。若想成是「不可以寫超過一萬字以上」，那就是生搬硬套了，用這樣的心情去處理事情時，某天寫超過了一萬字，我就想著：「啊，得到此停筆了。」因為不會勉強，能中止工作，所以也能防止肉體上的疲勞。就長期來看，這是非常有利的。此外，狀況非常好的時候，我也會寫超過一萬字，稍微打破點規則。「雖然違反了規則，但算了，就多點寬容，放手去做吧。」會有這樣的想法。雖然感覺好像是做了點小壞事，但那分自由的感覺很舒暢。像這樣寫超過一萬字的時候，因為是自己擅自破壞規定去做的，第二天就不可以偷懶怠惰。最後，絕對會比自己訂定的目標還要早完成工作。

我也會將自己的計畫，在事前告知那些在等我工作的人，同時也一定會在截止日前送去已經完成的原稿。或許那看起來是很嚴謹的工作量，但對我自己來說，卻有著破壞規則、很任意妄為的感覺。

◇進攻是自由

不僅是自己訂立的目標，社會上也有各式各樣的標準。挑戰這些的時候，別認為那些是下限，要看成是上限，試著去質疑「不可以做超出這些的事嗎？」這麼一來，我認為，在自己心中似乎就會產生出自由的感覺。

若用稍微不一樣的話來說，比起防守，進攻更是自由。一旦進入防守就是不自由的，因為必須要守護的東西已經是存在著的，而且會陷入被支配的狀態中。雖說是進攻，若有指定的對象就是不自由，可是這種情況下的「進攻」，因為是對未開化的挑戰，從哪裡進攻都可以，視野是三百六十度敞開的。

雖然會對於抽象的事物千思萬想、自由書寫，但也是有要傳達的某些事物。我想，那或許是會讓讀者期待的文章。可是這也顯示出了要獲得自由這個東西基本的難度，非得要積極的伸出手，才能得到，並不會直接落在手上。

不可以拘泥在具體的東西上。應該要去尋找的是自己所站立的位置，是自己週邊的環境。

所有道路都是從你腳下開始。

所有風都是朝著你吹來。

不論面向何方，什麼時候要踏出腳步，都由你決定。

後記

本書中，我試著將自己過去說過的話、寫過的文章以「自由」這個關鍵字重新做出建構。第一次接觸森博嗣的人，應該多少會覺得有些奇怪與新鮮，而對頗為了解森博嗣的人來說，應該會覺得多少帶了些八股、補強又或者說是整理的感覺。那是我的一種帶著希望的觀察，希望「要是這樣就好了」。

想要寫這本書的其中一個契機是，吉本芭娜娜對於我所說的「自由」做出的反應，這件事我在「前言」中就有寫了。其實還有另一個契機。那就是我太太ささきすばる（Sasaki Subaru）的言行舉止。

她三不五時都會胡說八道。每次，我都感到很驚訝，覺得「別這麼任性啊」。因此，有很多時候，當下我都會否定她。可是當回到自己房間仔細想想後，有時也會重新想通：「是這樣啊？也是有這種想法的呢。」因為會有這種情況，我認真覺得不可以小看她。她一定因為那三不五時冒出來的想法而不會去考慮未來的事，無關乎社會情勢或常識，不為任何事所拘束，可以自由發想、自由發言。我也有在工作，雖然比起她來會因為受到社會及常識的支配而感到有些抗拒，但最後都被她的自由所鼓舞了。

すばる女士雖比我年輕一點，但也已經五十歲了。最近，她買了爵士鼓，一邊看著影片一邊練習。她以前一次也沒演奏過樂器，她似乎「覺得自己好像勉勉強強可以」，但其實完全不行。可是她仍決意要去做，這樣的自由實在很令人敬佩。年屆五十的家庭主婦，可以做到像這樣的事嗎？

此外，就在前一個月，她說：「我們來搬家去遠離這裡幾百公里的土地上吧！」這簡直是晴天霹靂。但其實約在十年前，我就曾這麼向她建議過，那時她完全不感興趣，還否定的說：「我絕對不要住到那種地方去。」我也到了這個歲數了，早已經放棄了要去新的土地上過著陌生生活冒險的念頭。而且現今土地上的一切，也是花了好多年才建造完成的。難道要把這些全部都放水流嗎？而且也很花錢，還不是筆小數目。

即便如此，我們在兩週後，仍跑到了那個地方去尋找土地。那地方還不能當天來回，是要帶著狗一起去的大型旅行。我們看了各處的許多物件，當天就決定了要買下的候選地。回來後，我們每晚都會針對在土地上要建的家園討論不休。

我到目前為止也出版了好幾本頗有意思的書。讀了那些書而寄來感想的人，有很多都說：「這讓我明白了也可以那樣做，不由得覺得很開心。」大概有很多人都受到「自己不可以隨心所欲而活」的黯然所支配吧。我也還沒有認知到自己是充分自由的，正處在每天都悶悶不樂地煩惱著：「不能再更自由些嗎？」的感覺之中。可是收到那些訊息後，就能稍微安心地想著：「原來如此，即便不是處在這種不上不下的狀態中，因人而異，也會有人往好處解讀呢。」「說不定，我還稍微幫了人一把呢。」不僅如此，期望靠自己獲得自由的人，本來就很積極，從平時開始就會尋找各種方法，以期能活用在自己的生活方式中。既然如此，那我即便花點時間廢話連篇，也不是完全無用的，沒錯……人類不還是挺棒的嗎？若要像這樣樂觀的微笑以對，應該也不是做不到……

年歲愈是增長，「想變得沉穩」的欲求就愈強烈。思考及行動很麻煩，所以會渴求舒暢、閒適的安定。可是就客觀上來看，這果然不得不說是受到了「年齡」所支配的狀況。

一旦察覺到了所謂的支配，就意外地能簡單排除。人會在無意識之中沾染上肉體上的、常識性的、平均性的觀念，而一旦沾染上這些觀念，就會漸漸變成灰色，融入到背景之中，因為不顯眼，或許就不須要擔心受到敵人的侵襲。可是活著這件事本就很「顯眼」，要說起安定，死人才是最安定的，活著本身就很不安定，正因為有這分不安定，可以說才正是活著的證據。而不論是「自由」還是「活著」，都幾乎是相同程度的不安定。至少在活著的期間，想要有自由。

最後，我本為大家準備了好幾句非常多餘的話，但現在就只寫一件瑣事就好。之前我有寫過，就使用時間方法的技巧來說，有一個方法是訂立時間表，一點一滴前進。若讓世間人認為你是這樣重視時間表的人，意外地會有個方便之處。也就是說，能排除突然插進來的工作。例如可以說像這樣：「森博嗣不接受只有三個月期限的一切工作。」這樣就不會有意料之外的繁忙，以及被奪去個人的自由，所以可以在這點上多用點心。

本書是自《靈機應答・隨意提問》（臨機応答・変問自在）以來，我久違地受到了集英社鯉沼廣行先生的照顧。本文中的小標題都是他幫我取的，我認為都非常的適合。他在讀了原稿後，只給了我一個意見——第二章的分量有點少了，要不要多寫些？其實我也注意到了這點，思考著不知道該把之後想到的幾點插入到哪裡呢？可是我也因此重新考慮：「這不正是以完美為目標的收藏嗎？」最初所寫成的，就是那時所想的一切。若補上了之後才想到的，感覺自己的意見就好像欠缺了一貫性。這樣的不協調感，很快就會被優秀的讀者給看出來，像這樣的經驗，我有過好幾次。比起被協調的形式所束縛，我還是想尊重本書的主題──「自由」，所以就維持了自然寫就的內容。之後才想到的事，是因寫完本書後而改變的我的想法。之後我會等這些想法成熟後，再找機會，活用於別的作品中。

如同從這則例子所獲得的理解，要自由，就不能大意，必須隨時去留意什麼是自由的，這點很重要。這樣簡直就像是在眺望潛藏在海中的美麗光景，想著：「啊～真漂亮啊。」雖然上下左右哪裡都能去，能感受到可以自由去向何處的自由，但一旦停下手腳的動作，很快就會從海中浮上來，回到海面上。而那正在揮動手腳掙扎的時間，也就是自由的瞬間。

每一天的結尾，我都會在床上看一點書，然後才熄燈。我認為，在那時候若能想著：「明天也會有有趣的事情在等著我。」那就是幸福。偶爾會有討厭的事情，也會有無論如何都迴避不了的障礙，但是因為在那之後有開心的事情在等著，所以能活下去。

以自由為目標而活的理由，正是因為那會令人開心得不得了。

Note

Note

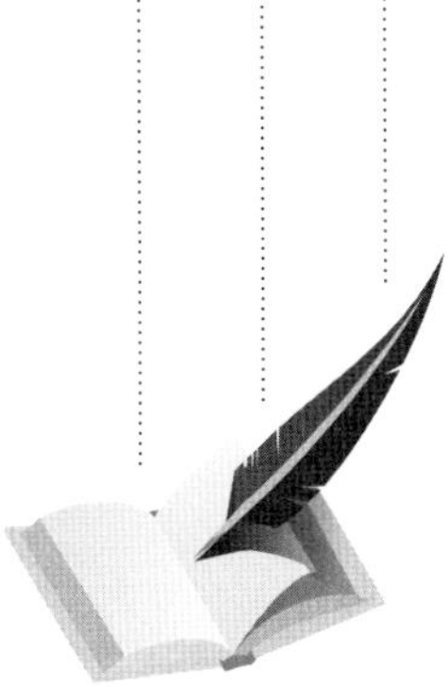

Note

國家圖書館出版品預行編目（CIP）資料

創造自由，自在生活／森博嗣作；楊鈺儀譯.
-- 初版. -- 新北市：世潮出版有限公司，2022.06
面；　公分. --（暢銷精選；88）

ISBN 978-986-259-077-5（平裝）

1. CST：人生哲學　2. CST：自由

191.9　　111004466

暢銷精選 88

創造自由，自在生活

作　　者／森博嗣
譯　　者／楊鈺儀
總　　編／簡玉芬
責任編輯／陳美靜
封面設計／林芷伊
出 版 者／世潮出版有限公司
地　　址／（231）新北市新店區民生路 19 號 5 樓
電　　話／（02）2218-3277
傳　　真／（02）2218-3239（訂書專線）
劃撥帳號／ 17528093
戶　　名／世潮出版有限公司　單次郵購總金額未滿 500 元（含），請加 80 元掛號費
世茂官網／ www.coolbooks.com.tw
排版製版／辰皓國際出版製作有限公司
印　　刷／世和彩色印刷有限公司
初版一刷／ 2022 年 6 月

I S B N ／ 978-986-259-077-5
定　　價／ 320 元

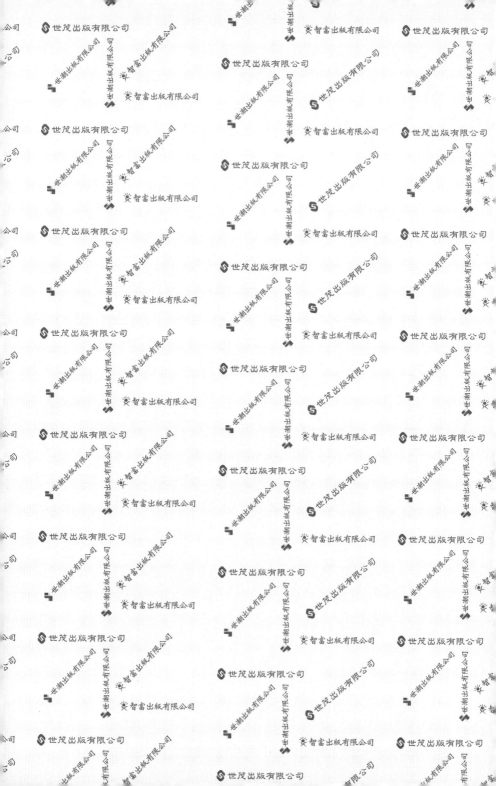